*Ich warte immer noch auf den Welcome-Drink*
*Verena Spindler*

# Ich warte immer noch auf den Welcome-Drink

## Diagnose Krebs von jetzt auf gleich

Verena Spindler

Bibliografische Information der Deutschen Nationalbibliothek: Die Deutsche Nationalbibliothek ver-
zeichnet diese Publikation in der Deutschen National-
bibliografie; detaillierte bibliografische Daten sind im
Internet über dnb.dnb.de abrufbar.

Umschlaggestaltung: Jeanette Poxleitner

Herstellung und Verlag:
BoD – Books on Demand, Norderstedt

ISBN: 9783750424722

# Inhaltsverzeichnis

Vorwort 9

   Teil I 15

16. Juni 2018 – Fix und fertig 17

19. Juni 2018 – Hallo Herr Doktor 21

20. Juni 2018 – Der Tag X 24

21. Juni 2018 – Onkologie? Krasser Scheiß! 45

22. Juni 2018 – Und Action 56

23. Juni 2018 – Rechenkünstler werde ich nicht mehr 66

24. Juni 2018 – Krankenhaussentimentalität 69

25. Juni 2018 – Haute Couture im OP-Saal 74

26. Juni 2018 – Knochenmarkbiopsie, was heißt das? -

Schmerzen! 78

27. Juni 2018 – Frau Professor, wo bleibt mein Welcome-Drink?

85

28. Juni 2018 – (Prêt à) Port(er) 93

29. Juni 2018 – Immunsystem, du Schisser 106

30. Juni 2018 – Tag 11 - Exit 110

   Teil II 128

1. Juli 2018 – Geburtstag 130

6. Juli 2018 – Was mache ich hier eigentlich? 132

12. Juli 2018 – Eine Portion Motivation zum Mitnehmen 137

13. Juli 2018 – Freitag, der 13. - ein guter Tag 141

27. Juli 2018 – Meine Leber ist eine kleine Diva... 144

31. Juli 2018 – Neue Runde, neues Glück　　　　145

14. August 2018 – ...und mein Herz hat ADHS　　　147

21. August 2018 – Ein bisschen verstrahlt oder: Fotoshooting

in der Nuklearmedizin　　　　150

28. August 2018 – Die erste Chemo-Cocktailparty　　　155

11. September 2018 – Meine Leukozyten sind im Urlaub　161

14. September 2018 – Milz? Mach kein´ Scheiß!　　　165

28. September 2018 – Cardio bis die Lunge rasselt　　168

8. Oktober 2018 – Ausflug in die Notaufnahme　　　173

12. Oktober 2018 – Chips und alkoholfreies Bier　　176

26. Oktober 2018 – 100 Punkte für meinen Blutdruck　182

12. November 2018 – Weder Gold noch Glitzer　　　186

26. November 2018 – Beim Perückenmann　　　　188

10. Dezember 2018 – Feierabend in der Tagesklinik　　200

3. Januar 2019 – Raumschiff in die nukleare Galaxie　　210

11. Januar 2019 – Ich habe den Faden verloren - den

Geduldsfaden　　　　214

18. Januar 2019 – Grill-Saison oder doch eher Sonnenbank-

Abo?　　　　217

23. Januar 2019 – Herzlichen Glückwunsch, Sie haben Ihr Ziel

erreicht!　　　　221

Nachwort　　　　233

Danksagung　　　　239

# Vorwort

„Das war mir klar, dass ausgerechnet *du* genau *das* kriegen musst. Andere Leute bekommen eine Erkältung, was Normales halt, aber dir ist das ja zu einfach, du schreist bei *so etwas* sofort ‚Hier!'", ist der erste Kommentar, der meiner Arbeitskollegin Astrid einfällt, während ich ihr erzähle, dass das Hodgkin Lymphom weltweit ungefähr 1% aller Krebsarten ausmacht und in Deutschland jährlich etwa nur 2 200 Menschen daran erkranken. Bei Darmkrebs vergleichsweise sind es um die 60 000 Neuerkrankungen pro Jahr, ähnlich ist es bei Lungenkrebs. Die Diagnose Brustkrebs erhalten jährlich in etwa 70 000 Frauen. Also alles weitaus höhere Zahlen.

Ich habe mir da also etwas eher Seltenes ausgesucht. Wobei ausgesucht … das klingt so fröhlich, nach freiem Willen. Mir persönlich hätte eine Erkältung durchaus vollkommen gereicht.
Aber mich hat mal wieder keiner gefragt.
Und wie Astrid schon richtig erkannt hat, bin ich auch nicht so der konventionelle Typ. Eine verschnupfte Nase und Husten? Pff, das kann ja jeder …

Es war der 20. Juni 2018, der mein Leben von jetzt auf

gleich komplett auf den Kopf gestellt hat.

Morgens in meinem Bett aufgewacht, abends lag ich auf der Onkologie.

Lymphdrüsenkrebs. Hodgkin Lymphom.

Da steht man also mit Mitte 20 und hat Krebs.

Verrückt.

Eine Diagnose mit der ich so überhaupt gar nicht gerechnet habe.

Das Thema Krebs ist immer total weit weg gewesen von mir. Krebs haben andere. Aber doch nicht ich.

Wer bekommt denn schon Krebs mit 25 Jahren?

Ich.

Aber nicht nur ich. Tatsächlich erkranken in Deutschland jährlich etwa 15 000 junge Menschen im Alter zwischen 18 und 39 Jahren an Krebs.

Ich bin damit demzufolge nicht allein.

Und genau das ist auch das Ziel dieses Buches. Zu zeigen, dass man nicht alleine ist.

Dass es da jemand gibt, die das gleiche hatte. Oder ähnliches.

Und die es geschafft hat.

Dass man es schaffen kann. Am besten mit Humor und dem Glauben an sich selbst.

## Ziele sind da, um sie zu erreichen

So habe ich nun dieses Buch geschrieben. Die Idee dazu kam mir bereits in der zweiten Nacht im Krankenhaus.

„Mensch, schreib doch ´n Buch", kam mir so der Gedanke, als ich damals in meinem Krankenhausbett lag. Auf der Onkologie. Müde, fiebrig und randvoll mit Antibiotika. Abgesehen davon zusätzlich auch noch ziemlich fertig mit der Welt. Physisch und psychisch gleichermaßen.

Da Heulen und Jammern grundsätzlich nicht so mein Ding sind – mal ganz davon abgesehen, dass sich das bei mir auch sehr weit weg von jeglicher Eleganz und Ästhetik befindet, so mit roten, verquollenen Augen und Rotznase – habe ich mich relativ schnell dazu entschieden, mich ausschließlich auf das Positive zu konzentrieren.

Das Beste draus zu machen. Und es mit Humor zu nehmen. Die Krankheit nicht allzu ernst zu nehmen, schließlich hat sich der Krebs ungebetenerweise bei mir eingenistet. Ich wollte das nie haben, daher muss diesem Hodgkin Lymphom ja auch klar gemacht werden, wie unerwünscht es ist. Dass sich der Krebs hier eindeutig die Falsche ausgesucht hat. Und dass der Boss immer noch ich bin.

Daraus ist nun ein Buch entstanden.

Ich hatte immer schon den Traum, ein eigenes Buch zu schreiben. Ein Buch in der Hand zu halten, auf dem vorne mein Name steht.

Zudem habe ich nun das Gefühl, etwas erlebt und durchgemacht zu haben, was es wert ist, erzählt zu werden. Und so habe ich geschrieben. Seite um Seite. Kapitel um Kapitel.

Mein Buch. Meine Geschichte. Mein Leben.


Ich wollte von Anfang an alles aufschreiben, alles festhalten, jeden Moment einfangen und abspeichern. Je länger Ereignisse in der Vergangenheit liegen, umso schneller verblassen die Erinnerungen, man vergisst, man verdrängt.

Ich aber wollte meine Geschichte von Anfang an festhalten.

Alle Höhen. Alle Tiefen. Alle Details.

Und dabei auch aufklären.

Das Thema Krebs ist nahezu immer und überall präsent, in den Medien ist ständig davon zu lesen, zu hören oder zu sehen.

Und doch hat keiner Ahnung und es gibt Berührungsängste.

Ich hatte selbst auch so überhaupt keine Vorstellung.

Das Thema hat mich nie wirklich interessiert, warum auch. „Betrifft mich ja nicht", dachte ich lange Zeit.

Jetzt, da es mich eben schon getroffen hat und ich festgestellt habe, dass es jeden plötzlicher treffen kann, als man denkt, habe ich also begonnen, mich mit der Thematik auseinander zu setzen.

Und dabei bin ich zu der Erkenntnis gelangt: Das ist echt spannend!

Krebs ist ein unglaublich komplexes Themengebiet. Keine Krebsart ist wie die andere, selbst dieselbe Krebsart kann völlig unterschiedlich verlaufen.

Alles ist immer individuell.

Individuell ist auch meine Geschichte, die ich hier erzählen will.

Tut mir leid, wenn ich bereits an dieser Stelle die Spannung herausnehme, aber es wird ein Happy End geben.

Weiterlesen lohnt sich trotzdem.

Viel Spaß!

# Teil I

# 16. Juni 2018 – Fix und fertig

Shopping.

Da in zwei Wochen mein Geburtstag ansteht und meine Eltern kurz vor der Verzweiflung stehen, was sie denn dem Kind – also mir – schenken sollen, haben wir uns auf den Weg ins Shopping-Center gemacht. Mein Wunsch, mir doch einfach einen Kasten Bier zu schenken, wurde mit einem empörten „wir schenken dir doch zum Geburtstag keinen Kasten Bier!!" abgetan.

Okay. Schade.

Naja, eine neue Armbanduhr wäre auch ganz nett. Da hätte ich dann auch länger was davon als von dem Bier. Wobei Bier schon echt eine tolle Sache ist. Aber gut, will ich mal lieber nicht der Spielverderber sein.

Doch so einfach geht das nicht mit dem Uhr aussuchen, die Auswahl ist riesig, meine Ansprüche aber scheinbar auch. Überhaupt ist an diesem Tag nichts einfach. Nach knapp einer Stunde habe ich das Gefühl, fix und fertig zu sein. Dafür ernte ich ernste Seitenblicke meiner Mutter, schließlich sind wir nur wegen mir hier und das bisschen kann ja wohl nicht so anstrengend sein.

Ist es aber.

Woher das kommt, weiß ich nicht. Jedenfalls fühle ich

mich unglaublich ausgelaugt, kaputt und müde. Nichts geht mehr. Und das, obwohl ich heute eigentlich noch gar nichts gemacht habe. Mein Vormittagsprogramm bestand nur aus einem entspannten Frühstücken. Daheim und in Ruhe.

Warum mich das hier und jetzt gerade so anstrengt? Ich kann es nicht sagen.

Als wir endlich fertig sind – natürlich habe ich keine Uhr gefunden (das Auswählen der richtigen Biermarke wäre dagegen ratzfatz gegangen, aber lassen wir das ...) – bin ich unglaublich froh, wieder im Auto sitzen zu können. Ich habe absolut keine Kraft mehr.

Auf der Heimfahrt kann ich mir dann noch einen Vortrag meiner Eltern anhören: „Du musst einfach mehr an die frische Luft", „wenn du immer nur in deiner Bude hockst ... da wäre ich auch dauernd müde", „du machst einfach zu wenig", „immerzu nur ins Fitnessstudio zu rennen, das ist doch auch nicht das Richtige".

Bla bla bla. Und hier und da und überhaupt ...

Genervt lasse ich den Redeschwall über mich ergehen, steige vor meiner Haustür aus und lasse mich in meiner Wohnung erst einmal auf die Couch fallen. Dort verharre ich in der gleichen Position für etwa zwei Stunden.

„Scheiß die Wand an", denke ich mir, „warum bin ich in letzter Zeit nach solchen Kleinigkeiten total müde und kaputt?"

Ich arbeite in einem Fitnessstudio und in der Arbeit gibt es Tage, da habe ich zeitweise das Gefühl, ich überstehe den Tag nicht, ich weiß nicht, wie ich weiter machen soll. Ich bin müde, obwohl ich ausreichend geschlafen habe. Ich fühle mich überarbeitet, obwohl ich zuvor freie Tage hatte.

Zum Teil bin ich bereits am Vormittag so erschöpft und fertig, dass es mir selbst oft ein Rätsel ist, wie ich das noch bis zum Feierabend durchhalten soll.

Aber irgendwie geht das doch immer, dann steht der nächste Kunde vor mir, dann muss es weiter gehen, und dann geht es auch immer auf die ein oder andere Weise weiter, dann bin ich abgelenkt und kann meinen Job trotzdem gut machen.

Auch nach dem Sport habe ich zuweilen das Bedürfnis, mich hinterher mehr ausruhen zu müssen als sonst. Ich treffe mich zwar sehr gerne mit Freunden, ziehe es in letzter Zeit aber häufiger auch mal vor, einen ruhigen Tag mit mir alleine zu verbringen.

Freizeit habe ich eigentlich genug, auch der Arbeits- und Unistress hält sich in Grenzen.

Normal kann das doch irgendwie nicht sein.

Als ich mich nun ausruhe, überfällt mich eine kurze, aber heftige Hustenattacke. Komisch hört sich das an, so pfeifend. Pfeifende, beinahe schon fast quietschende Geräusche macht es seit ungefähr zwei

Tagen gelegentlich auch beim Ausatmen. Vielleicht ist schon wieder eine Erkältung im Anflug.

„Da pfeife ich also schon aus dem letzten Loch", denke ich leicht amüsiert, während ich mir zur Abwechslung eine Flasche Wein aus dem Kühlschrank hole und mir ein Gläschen einschenke. Wein kann ja nie schaden. Andererseits gibt es mir schon etwas zu bedenken, dass ich seit kurzem zusätzlich einen druckartig leicht bis mittelstarken Schmerz im Brustbereich verspüre.

Verspannung des Brustmuskels? Möglich. Oder Verspannungen im Rücken? Die ausstrahlen? Könnte schon sein, mein Rücken ist ja ständig verspannt.

Aber deswegen gleich zum Arzt? Nee. Schließlich lebe ich nach dem Prinzip: Alles, was von alleine kommt, geht auch von alleine wieder.

Ich möchte zwar vorweg nicht zu viel verraten, aber ich kann dir schon einmal sagen, bei Krebs bringt dieser Leitsatz leider gar nichts.

# 19. Juni 2018 – Hallo Herr Doktor

So, ich sitze jetzt doch im Wartezimmer meines Hausarztes.

Natürlich nicht ganz aus freien Stücken. Nach den Ereignissen am Wochenende habe ich beschlossen, zunächst einmal beleidigt zu sein und mich nicht mehr bei meinen Eltern zu melden. Also schrieb mir am Montag meine Mutter, wie es mir denn gehe. „Gleichbleibend", antwortete ich. Darauf redete beziehungsweise schrieb sie endlos auf mich ein, ich solle am nächsten Tag unbedingt zum Arzt gehen. Und wer regelmäßig mit der Generation 50 Plus über moderne Telekommunikationsmedien, genauer: Whatsapp, in Kontakt steht, der weiß: Das … kann … dauern …

Eine halbe Stunde später, oder anders ausgedrückt: fünf Nachrichten später, habe ich um des Friedens willen nun doch nachgegeben.

Daher rufe ich also am nächsten Tag gleich in der Früh bei dem Hausarzt meines Vertrauens an und bekomme sogar noch einen Termin für die Akutsprechstunde an diesem Vormittag.

Wenige Stunden später schildere ich meinem Arzt dann alle Symptome, angefangen von pfeifenden Geräuschen beim Husten, die ich zum Teil auch beim Ausatmen mache, über Abgeschlagenheit und

Müdigkeit bis hin zu dem leichten Druckschmerz im Brustbereich. Außerdem erwähne ich noch, dass ich seit Herbst letzten Jahres immer wieder einen Infekt nach dem anderen bekomme.

Ich bin gespannt, was ihm dazu einfällt.

Es folgt das klassische Programm. Abhören von Herz und Lunge, kurzer Lungenfunktionstest und eine Blutabnahme.

Bei den Untersuchungen kommt dem Arzt mein schneller Herzschlag merkwürdig vor.

„Achja, stimmt!", sage ich, das hatte ich fast vergessen. Die letzten beiden Tage hatte ich den Eindruck, mein Herz schlägt schneller als sonst. Auch in Ruhe. Auch nachts. Was sonst nie der Fall ist.

Deswegen werden bei der Blutentnahme auch gleich die Herzenzyme mittels Schnelltest bestimmt. Weichen die Werte der Herzenzyme von den Referenzwerten ab, kann eine Erkrankung des Herzens vorliegen.

Da ist aber soweit alles in Ordnung, was schon einmal beruhigend ist. Allerdings fehlt dann dennoch weiterhin die Ursache.

Auf die ausführlichen Ergebnisse der Blutwerte muss ich bis zum nächsten Tag warten. Aufgrund der Beschreibung meiner Beschwerden könnte von einem Infekt oder von einer Allergie ausgegangen werden. Genaueres aber erst nach den Laborwerten.

So weit der erste Verdacht. Morgen sind wir schlauer.

# 20. Juni 2018 – Der Tag X

Als ich an diesem Morgen aufstehe, ahne ich noch nicht, was an diesem Tag auf mich zukommen wird und dass dieser Tag mein Leben erst einmal komplett auf den Kopf stellen wird.

Mein Hausarzt wollte mich gegen acht, halb neun Uhr anrufen, um mich über die Blutwerte zu informieren. Daher habe ich am Abend zuvor meinen Wecker auf 7:59 Uhr gestellt. Ich muss ja nicht besonders wach sein, ansprechbar genügt.

Das Handy stets griffbereit, chille ich also im Bett weiter. Ins Bad gehen möchte ich nicht, denn ich kenne das. Dann geht das Telefon genau in dem Moment, wenn es im Mund nur so schäumt von der Zahnpasta. Durch das Klingeln des Handys würde ich mich dermaßen erschrecken und in Panik geraten, sodass ich mich bei meinem Talent zusätzlich an der Zahnpasta verschlucken würde, feste husten müsste und bis ich dann mal dazu bereit wäre, in eine Konversation zu treten … tja, dann hätte der Herr Doktor schon längst aufgelegt. Oder ich wäre dabei ohnehin erstickt.

Gleiches gilt selbstverständlich auch für das Frühstück. Da schiebe ich mir gerade genüsslich einen Riesenbissen Semmel mit dick Butter und fett Nutella in den Mund und dann bimmelt es. (An dieser Stelle sollte kurz Erwähnung finden, dass es ein ungeschriebenes Gesetz ist, die Butter erst fingerdick auf die Semmel zu schmieren, um sie anschließend mit ebenfalls einem mindestens zwei Zentimeter hohen Nutellaklecks zu garnieren. Wer nach dem Abbeißen keinen Zahnabdruck in der Kohlenhydratauflage hat, macht etwas falsch.)

Da ich mich auch sonst nirgendwo hinwage, starte ich den Tag also mit dem Home-Triathlon: Bett – Klo – Couch.

Schließlich klingelt um kurz vor zehn mein Handy. Ich schrecke von der Couch hoch.

Na endlich. Der Arzt.

Soweit sind die Ergebnisse der Blutabnahme in Ordnung, nur mein Entzündungswert ist ihm mit 135 etwas zu hoch. In der Norm wäre ein Wert kleiner 5. Somit besteht die Gefahr einer Lungenentzündung. Um das abzuklären, soll ich schnell vorbeikommen und mir den Überweisungsschein für die Radiologie holen. Die Kollegen dort wären bereits informiert, dass ich außerplanmäßig in den nächsten Minuten zum Röntgen aufkreuzen werde.

So fahre ich nun, den Überweisungsschein in der Tasche, die zwei Stationen mit dem Bus bis zur Münchner Freiheit.

Mein Frühstück wird sich wohl etwas verschieben müssen. Erst warte ich ewig und jetzt muss ich noch hier hin und dort hin. Dabei könnte ich so langsam schon etwas zu futtern vertragen.

Die Radiologie ist immerhin leicht zu finden, gut für mich, denn damit habe ich auch immer so meine Schwierigkeiten. Ich gehöre nämlich zu den Menschen, die aus Prinzip immer erst in die falsche Richtung laufen, dumm gucken, umdrehen und das Zielobjekt dann doch mit zugekniffenen Augen ausmachen. Praktischerweise wurde mir gesagt, die Radiologie sei dort, wo der gläserne Aufzug ist. Und der ist nicht zu übersehen. Auch nicht für mich.

Hoch geht es also mit eben diesem gläsernen Aufzug in den fünften Stock. „Coole Aussicht", denke ich mir oben angekommen, „davon mache ich später ein Foto."

Jetzt heißt es warten. Von einem Wartebereich werde ich zum nächsten gebeten.

Und warte. Und warte. Und warte.

Und komme dran.

Die Lunge wird geröntgt. Nach zwei Minuten bin ich fertig und lerne das dritte Wartezimmer kennen. Es soll anschließend noch eine Computer-Tomographie der Lunge gemacht werden.

„Ok …", denke ich mir etwas verwundert, denn ein CT war doch gar nicht geplant. Aber gut, ich habe ja sonst nichts zu tun. Heute ist zwar mein freier Tag, trotzdem würde ich den dann doch lieber bei dem tollen Wetter am Eisbach oder an der Isar verbringen und nicht in den verschiedenfarbig gestalteten Wartezimmern von Arztpraxen. Mögen sie auch noch so stylisch aussehen.

Aber ich sehe es mal entspannt, schließlich ist dieser Juni der erste Monat, in dem ich offiziell keine Studentin mehr bin.

Bachelor fertig. Master fertig. Studium erledigt. Nie wieder Klausuren, nie wieder Hausarbeiten. Nie wieder lernen.

Den Abschluss in der Tasche. Die Welt steht mir offen. Geiles Gefühl.

Ein weniger geiles Gefühl ist es allerdings eventuell eine Lungenentzündung zu haben. Kenne ich nicht, hatte ich noch nicht. Möchte ich eigentlich auch gar nicht kennen. Während ich so vor mich hin warte, lasse ich mir in Gedanken das Wort „Lungenentzündung" auf der Zunge zergehen und zucke innerlich leicht zusammen. Kann das nicht sogar tödlich sein? Hui ui ui.

Aber vielleicht ist es ja auch gar keine. Sondern nur ein Infekt oder etwas Ähnliches. Ein Infekt wäre in Ordnung. Zwar auch nervig, aber immerhin besser als eine Lungenentzündung.

Ich werde aufgerufen für das CT. Wieder fertig nach fünf Minuten. Wieder warten. „Worauf denn jetzt?", frage ich langsam ein klein wenig genervt.

Denn eigentlich war doch nur von einem kurzen Röntgen der Lunge die Rede. Also quasi rein, röntgen, mit den Bildern zurück zum Hausarzt und der verschreibt mir dann irgendwelche Pillen gegen die Lungenentzündung oder was das auch immer sein mag.

Das wäre mein Plan gewesen. Doch hier gehen die Uhren langsamer und es wird – warum auch immer – ein größeres Programm gestartet.

Mittlerweile ist es kurz vor halb eins und die Praxis meines Doktors hat bereits geschlossen.

Na super.

„Naja, so ein schnödes Rezept ausstellen, das können die mir hier auch", denke ich mir und warte weiter.

„Frau Spindler, bitte."

Ich bin an der Reihe. Ach guck, passiert ja doch noch was. Die Ärztin ruft mich auf, ich folge ihr ins Arztzimmer und nehme Platz.

Nett schaut sie aus, aber irgendwie guckt sie ein bisschen … merkwürdig.

Der Raum ist nicht besonders hell, damit die Bilder der Untersuchungen auf dem Computer gut zu sehen sind. Vom Röntgen und von der Computer-Tomographie. Flüchtig werfe ich einen Blick auf die Bildschirme. Ich kenne mich damit zwar nicht aus, aber irgendwie schaut das komisch aus. Also ich glaube …

normalerweise müsste das doch anders aussehen. Das müssten doch meine Lungenflügel sein ... aber irgendwie ... gehört das so? Oder ... fehlt da nicht etwas?

Noch bevor ich mir groß Gedanken machen kann, sagt sie:

„Ich habe jetzt leider nicht so gute Nachrichten für Sie."

Ich wende meinen Blick langsam von den Computern ab und richte meine Augen auf die Ärztin.

Aha.

Das einzige, was ich in diesem Moment wahrnehme, ist mein Herzschlag.

Der geht nämlich gerade total durch die Decke. Puls von 180? - Ich bin dabei.

Meine Gedanken und meine Gefühle sind ausgeschaltet.

Die Ärztin sagt, dass sich auf meiner Lunge etwas gebildet hätte, was da nicht hingehört. Eine Raumforderung.

Aha.

Meine linke Lunge wird so gut wie gar nicht mit Sauerstoff versorgt, weil sich darüber eine gewebeartige Struktur gebildet hat. Höchstwahrscheinlich ein Tumor.

„Ein Tumor?", frage ich komplett verwirrt, „ist das dann Lungenkrebs?"

„Nein, nein. Kein Lungenkrebs, Ihrer Lunge geht es gut. Aber darüber sind Zellen gewuchert."

Im Folgenden rauscht das, was die Ärztin sagt, nur so an mir vorbei, es fallen Worte wie bösartig oder gutartig, abklären lassen, Lymphdrüsenkrebs, Krankenhaus, einweisen, sofort.

Lymphdrüsenkrebs.

Was?!

Krebs?!

Ja.

Und das sei wohl nichts so sehr Seltenes bei jungen Erwachsenen in meinem Alter. Und die Therapiemöglichkeiten seien auch sehr gut. Und man muss das sowieso erst ganz genau abklären lassen.

Sie will mich wahrscheinlich beruhigen.

Aber ich bin ruhig. Total ruhig. Aber auch verwirrt. Perplex. Gedankenlos. Leer. Ich bin einfach komplett leer im Kopf.

Jetzt sei es wichtig, das nicht auf die lange Bank zu schieben, sondern sobald wie möglich – am besten noch heute – im Krankenhaus vorstellig zu werden, damit die entsprechenden Untersuchungen eingeleitet werden können.

Ich solle mir den Überweisungsschein für das Krankenhaus bei meinem Hausarzt abholen, die Praxis hätte zwar schon geschlossen, es wird dort aber auf mich gewartet.

Wie in Trance verlasse ich die Radiologie und mache mich wieder auf den Weg zu meinem Hausarzt.

Ich bin immer noch sprachlos. Ich habe das Gefühl über dem Boden zu schweben und durch eine Scheinwelt zu gehen. Alles wirkt so unecht, so unwirklich. Die Menschen, die Autos, die Hektik des Alltags, das Stadtleben und am meisten irritiert mich der wolkenlos blaue Himmel und der strahlende Sonnenschein.

Für das Foto von der Aussicht, das ich auf dem Rückweg machen wollte, habe ich jetzt keinen Nerv mehr. Da stehe ich nun mitten an der Münchner Freiheit, schaue nach links, schaue nach rechts und habe das Gefühl, zu dieser Welt nicht mehr dazuzugehören. Das ist wie eine Parallelwelt, in der ich bis vor ein paar Minuten noch selbst gelebt habe. Jetzt fühlt sie sich fremd an, ich bin kein Teil mehr davon.

Für alle anderen ist es gerade ein ganz normaler Mittwochmittag. Für mich steht die Zeit still. Für mich ist nichts mehr wie es vorher war. Alles wirkt so unwirklich, irreal, komisch.

Krebs? Alter, ich hab' doch kein Krebs?!

Die zehn Minuten zu Fuß zurück zu meinem Hausarzt kommen mir wie eine halbe Ewigkeit vor. Denken kann ich so recht immer noch nicht, das Gehen und die Bewegung tun mir gut, doch mittlerweile ist es auch sehr schwül und ich schwitze, vor allem aber will ich jetzt schnell dort sein und wissen, wie es weiter geht.

In der Praxis angekommen, muss ich warten. Mal wieder.

Im Wartezimmer sitzen noch zwei Mädels und ich. Nach einer halben Stunde wird die eine aufgerufen, die andere ist wohl nur die Begleitung.

Wir kommen ins Gespräch. Obwohl alles in meinem Kopf vibriert und mir immer wieder das Wort „Krebs" vor meinem inneren Auge aufleuchtet, ist es ganz angenehm, abgelenkt zu werden. Es fällt mir dennoch schwer, mich auf die Unterhaltung zu konzentrieren. Ich höre immer wieder die Stimme der Ärztin und das, was sie zu mir sagte in meinem Hinterkopf.

Schließlich kommt ihre Freundin aus dem Behandlungszimmer. Beide gehen.

Ich warte. Eine Arzthelferin nach der anderen geht. Ich warte.

Ich werde aufgerufen.

Mein Hausarzt zeigt und erklärt mir noch einmal die Aufnahmen. Auch er möchte mich auf jeden Fall noch heute ins Krankenhaus schicken. Er ruft im Klinikum rechts der Isar an, um mich dort schon anzukündigen und will anschließend gleich alle Befunde dorthin senden. Als ich „stationärer Aufenthalt für ein paar Tage" höre, wird mir unwohl.

Das kommt mir einfach alles zu plötzlich.

Gerade saß ich noch nichtsahnend auf meiner Couch und jetzt soll ich meine Tasche für das Krankenhaus packen.

Mit dem Überweisungsschein für das Krankenhaus verlasse ich die menschenleere Praxis.

In meiner Wohnung angekommen, fackel ich nicht lange und rufe gleich meine Eltern an, um ihnen die Hiobsbotschaft zu überbringen. Das klappt bei den ersten beiden Sätzen auch noch recht gut, doch bei den Worten „vielleicht ist es Krebs" bricht mir die Stimme weg.

Scheiße. Ich wollte nicht heulen. Ich heule doch nie. Und falls doch, dann nur, wenn ich alleine bin, für mich. Aber sicher nicht in Gesellschaft.

Meine Mutter am anderen Ende der Leitung ist deutlich hörbar geschockt. Meine Eltern versprechen sofort loszufahren.

In der Zwischenzeit dusche ich. Es ist heiß draußen, ich schwitze und ich möchte nicht schon wie ein Iltis stinkend in der Notaufnahme ankommen. Und wer weiß, wann ich wieder Gelegenheit haben werde, zu duschen. Ich weiß ja nicht, was da gleich alles auf mich zukommt.

Nach dem duschen überlege ich, was man da so alles mitnehmen muss für einen stationären Aufenthalt.

Klamotten, Zahnbürste, Zahnpasta, Deo, Haarspray
...

Hmm. Eigentlich wie für einen Kurzurlaub. Spontan in den Urlaub wäre jetzt besser. Jetzt, gleich, sofort. Egal wohin, Hauptsache weg. Dem Krebs davonfliegen. Kurzfristig eine Option, längerfristig und zu Ende gedacht wohl eher nicht.

Ich esse zwei Aprikosen. Obwohl ich heute noch gar nichts gegessen habe, ist mir der Appetit total vergangen. Aber das Obst muss weg. Schimmelt sonst nur. Und Lebensmittel schmeißt man nicht weg. Obwohl mich noch fünf weitere Aprikosen und eine mittlerweile stark sommersprossige Banane flehentlich angucken, geht bei mir nichts mehr. Beim besten Willen nicht. Ich kriege keinen Bissen mehr runter. Scheiß auf die Aprikosen. Dann sollen sie halt schimmeln.

Meinen Kopf beherrscht im Moment nur ein Wort: Angst.

Ist das Angst? Fühlt sich so Angst an?

Angst ist ein Wort, das ich sonst nie benutze. Ist mir eindeutig viel zu negativ behaftet. Und weil ich vor nichts Angst habe.

Warum auch? Wovor lohnt es sich, Angst zu haben? Wenn man es sich mal wirklich genau überlegt, braucht man vor nichts Angst zu haben. Weil alles, was sich in der Zukunft zutragen wird, nicht vorhersehbar ist. Das klingt logisch. Und vor Unbekanntem in der Zukunft lasse ich mir doch meine Gegenwart nicht versauen. Das klingt auch logisch, ist dann aber schon etwas schwieriger umzusetzen.

Aber vielleicht ist es auch das Ungewisse, vor dem Ängste entstehen.

Weil man es nicht weiß.

Trotzdem kann genau das ein großer Vorteil sein.

Nicht zu wissen, was auf einen zukommt.

Was kommt da jetzt auf mich zu?

Ich weiß es nicht und ich weiß auch nicht, ob ich es wissen will.

Vielleicht ist es gerade doch ein kleines bisschen Angst. Aber auf jeden Fall ist es sehr viel keine Lust.

Immer wenn ich mich in einer ausweglosen oder unangenehmen Situation befinde, habe ich einfach keine Lust mehr und möchte weg.

Das ist nur leider nie umzusetzen. Zumindest nur mit noch mehr negativen Konsequenzen für mich selbst.

Vergleichbar wenn man in einem Zug mit ausgefallener Klimaanlage und 30 Grad Raumtemperatur neben der dicksten, schwer atmenden Frau im ganzen Abteil sitzt und sie dann auch noch drei prall gefüllte Shoppingbags mit sich führt und ein sehr schweres Parfüm aufgelegt hat. Die fünf Stationen kommen einem vor wie die Strecke von München bis Kambodscha. Mit der Bimmelbahn.

Aber gut, angesichts meiner derzeitigen Lage wäre

das für mich gerade tatsächlich das Paradies.

Nach endlosen, nicht vergehen wollenden Minuten klingelt es. Meine Eltern sind da.

„Reiß dich zusammen", denke ich mir. Ich öffne die Tür und quetsche mir so gut es geht ein Grinsen raus. Auch meinen Eltern geht es nicht gut, das müssen sie nicht sagen, das sehe ich. Kein Wunder, ist ja auch normal in der Situation. Wobei die Situation gerade absolut unnormal ist.

Nach ein, zwei Tränen wird das Wichtigste zusammengepackt. Ich funktioniere wie ferngesteuert.

Beim Hinausgehen werfe ich einen kurzen Blick auf das Schild an der Innenseite meiner Haustür.

„Läuft alles perfekt", steht dort.

Haha. Naja, gerade nicht so. Eher rückwärts und bergab.

Hmm, ja, ok … immer positiv bleiben.

Los geht es also in die medizinische Notaufnahme.

Die Hinfahrt verläuft mitten durch den beginnenden Berufsverkehr. Quer durch Schwabing und über die Leopoldstraße, wo zu dieser Uhrzeit bereits einige Autos, Fahrradfahrer und Passanten unterwegs sind.

Wir fahren an der Universitätsbibliothek vorbei.

Ich erinnere mich daran, als ich zuletzt in der Stabi gewesen bin, vor wenigen Wochen erst. Ich hatte mir ein paar Bücher für meine Masterarbeit ausgeliehen.

Das erschien mir damals eher als lästig, so eine umfangreiche wissenschaftliche Arbeit zu schreiben.

Damals. Als noch alles gut war. Als die Welt noch in Ordnung war. In diesem Augenblick würde ich gerne fünf Masterarbeiten schreiben, wenn ich dafür gesund sein könnte.

Irgendwie unpassend zur Situation ist immer noch wunderschönes Wetter, es ist sehr warm, eigentlich auch ziemlich schwül. Der Himmel ist wolkenlos blau.

Im Radio läuft Wincent Weiss. An Wunder.

*Ey, es wär´ schon blöd nicht an Wunder zu glauben*

Joa, da hat er eigentlich recht.

So ein Wunder käme mir jetzt auch gerade sehr gelegen.

Wir sind da. Wir irren erst ein wenig durch die Klinik bis wir die medizinische Notaufnahme gefunden haben. Ist ja riesig das rechts der Isar. Vor allem wenn man das erste Mal dort ist, kommt einem alles so groß und unübersichtlich vor. Lange Gänge, viele Menschen.

Die Krankenschwester weiß bereits Bescheid, ich werde sogar schon erwartet.

Deswegen kann ich gleich direkt in die Notaufnahme

und bekomme eine Kabine zugeteilt.

Es folgen erste Untersuchungen.

Überprüfen der Vitalwerte. Blutdruck, Puls, Sauerstoffsättigung, Herz-EKG.

Dann warten. Warten. Ewig warten.

In der Notaufnahme ist es laut und hektisch. Alle paar Minuten kommt ein neuer Patient, die meisten werden mit einer Trage von Sanitätern hereingefahren. Da die einzelnen Kabinen nur durch einen Vorhang voneinander abgetrennt sind, bekomme ich fast alles mit, was dort geschieht. Überall bimmelt es, das kommt wohl von irgendwelchen Überwachungsgeräten. Schwestern, Pfleger und Ärzte laufen umher. Aber zu mir kommt keiner. Ich warte und warte.

Nach zwei Stunden kommt dann doch endlich ein Arzt. Er fragt genau nach. Ich muss meine Symptome noch einmal ausführlich beschreiben.

Meine letzten Hoffnungen werden zunichte gemacht. Auch er hat sich die Aufnahmen angesehen. Das sähe alles eher verdächtig aus und deute auf einen bösartigen Tumor hin.

Scheiße. Das denke ich mir heute wohl schon zum hundertsten Mal.

Besonders deutlich wird der Ernst der Lage dadurch, dass ich im Liegen und im ruhigen, entspannten Zustand einen Puls von 132 habe.

Holy Shit. In der Regel liegt der irgendwo zwischen

50 und 60.

Nach weiteren zwei Stunden der Warterei, in der nichts passiert, kann ich nun auf die Aufnahmestation. Auf der Onkologie, wo ich eigentlich liegen soll, ist erst ab morgen früh ein Bett frei. Das finde ich jedoch nicht allzu tragisch. Wer möchte schon auf der Onkologie liegen?

Onkologie.

Verrückt.

Ich kannte das Wort immer nur vom Hörensagen. Ich hatte damit noch nie persönlichen Kontakt.

Das Wort Onkologie war für mich immer genauso weit weg wie das Wort Krankenhaus. Das kannte ich bisher auch nur von außen oder mal kurz als Besucher.

Aber ich selbst war noch nie ernsthaft krank. Ich lag noch nie im Krankenhaus.

Immerhin habe ich hier auf der Überwachungsstation ein richtig großes Zimmer für mich alleine. Weiße Wände, grauer Boden. Insgesamt drei Betten. Ich suche mir den Fensterplatz aus.

Meine Eltern bleiben noch eine Weile, bis ich mich akklimatisiert habe.

Beim Abschied bemühe ich mich noch nicht einmal die Tränen zurückzuhalten. Es geht einfach nicht. So stark bin ich dann doch nicht. Nicht heute.

Das „wir sind immer für dich da" meiner Mutter

macht das Ganze noch emotionaler. Ich kann mich immer auf meine Eltern verlassen, wir haben ein sehr gutes Verhältnis. Meine Eltern sind die besten Eltern der Welt.

Jetzt sitze ich also hier auf dem Krankenhausbett. Ich bin nun alleine in dem großen Zimmer. Das Fenster ist offen, Außengeräusche sind zu hören. Das Leben draußen geht weiter. Die Zeit hier drinnen scheint stillzustehen.

Ich gehe zum Fenster und schaue hinaus. Erdgeschoss. Kleine Bäumchen versperren mir etwas die Sicht. Auf dem Außenbereich steht ein Krankenwagen, Leute gehen hier, gehen da. Ganz allmählich wird es dämmrig und ich kann in der Ferne eine pinke Beleuchtung ausmachen. So wie es oft bei Nachtclubs oder Bars der Fall ist. Vielleicht findet dort aber auch gerade ein Sektempfang statt.

Sekt. Ohja. Eigentlich bräuchte ich ganz dringend mal einen Schnaps.

Dort stehe ich noch eine ganze Weile. Das ist für mich der intensivste und bedeutungsvollste Moment des Tages und ich weiß, dass ich dieses Bild nie wieder vergessen werde. Dieser Moment ist wahrscheinlich das einschneidendste Erlebnis meines bisherigen Lebens.

Auf der falschen Seite des Lebens.

So fühlt es sich an.

Ein heißer Sommertag im Juni geht zu Ende. Menschen sind auf dem Weg nach Hause. Einige Meter entfernt sehe ich eine Straße. Autos fahren, ein Bus fährt. Das normale Stadtleben.

Was mich davon trennt, ist die Krankenhausmauer.

Das ist die Schwelle zur richtigen Seite des Lebens.

Was würde ich gerade dafür geben, auf der richtigen Seite zu stehen.

Warum regen sich die Leute immer über alles auf? Es ist doch alles gut. Solange es dir gut geht, ist doch alles gut. Solange man nicht im Krankenhaus sein muss.

Das eigene Leben kann sich so schnell ändern.

Das wird mir gerade bewusst.

Von jetzt auf gleich kann sich so vieles ändern. Auch das eigene Leben ist endlich.


Um mich abzulenken, hole ich mein Smartphone heraus und informiere meine Freunde. Es hat ja noch keiner eine Ahnung.

Dabei mache ich es mir gewohnt einfach. Ich poste bei Whatsapp ein Statusbild mit meinem hübschen neuen Zugang im Arm. Dann werde ich schon sehen, wer es sieht, wer sich meldet, wer sich fragt, was denn da bei mir los ist, und wer sich interessiert. Man kennt mich normalerweise doch eher ohne Nadel im Arm.

Es dauert auch nicht lange. Ping. Ping. Ping. Einer nach dem anderen schreibt mir.

Kann ich mich also doch auf meine Freunde verlassen.

Ich finde vor allem die unterschiedlichen Reaktionen sehr interessant. Von Unglauben, Schock, Mitgefühl, Verzweiflung. Es ist alles dabei.

Meine Freundin Leonie haut dabei natürlich wieder den besten Spruch raus:

„Puuh … ich hab' mir jetzt erst mal 'ne Flasche Wein aufgemacht … wenn das tatsächlich Krebs ist, dann lass uns mit 'ner großen Packung Gras in den Urlaub fahren."

„Äh ja, warte mal. Also super Idee. Aber die sagen hier alle, die Heilungschancen wären über 90%. Das machen wir vielleicht besser danach."

Ich versuche cool zu bleiben, das mit dem Heulen habe ich mittlerweile wieder im Griff. Ich habe mich jetzt für die Humor-Variante entschieden. Steht mir irgendwie besser.

Man muss sich selbst ja irgendwie aufbauen, ermutigen, motivieren. Humor ist dabei meine Allzweckwaffe. Nimm Dinge, die du eh nicht ändern kannst mit Humor. Eine andere Alternative hast du eh nicht. Das Leben ist so schon ernst genug.

Kommste am Ende sowieso nicht lebend raus.

Um mich ich etwas herunterzufahren, nehme ich das

Buch in die Hand, das mir meine Mutter mitgebracht hat. Das hätte eigentlich für meinen Geburtstag sein sollen, aber so habe ich es jetzt schon bekommen. Es hat beinahe gewisse Vorzüge, krank zu sein. Oder es ist der Mitleidsbonus.

Ich lese, aber es fällt mir sehr schwer, mich auf die Handlung zu konzentrieren.

Nach ein paar Seiten gebe ich es schließlich auf und mache mich für die Nacht fertig.

Gegen elf Uhr kommt die Nachtschwester und steckt mir die Antibiotikainfusion an. Das ist die erste Infusion meines Lebens. Wuhu!

Überhaupt feiere ich gerade eine Premiere nach der nächsten. Ich war noch nie ernsthaft krank. Ich musste noch nie ins Krankenhaus. Schon gar nicht stationär.

Und nun das.

Eigentlich bräuchte ich jetzt wirklich sehr dringend mal einen Schnaps!

Ach was, am besten gleich eine ganze Flasche!

Das würde in der Kombination mit dem Antibiotika mit Sicherheit gewaltig knallen. Wechselwirkung und so.

Wie erwartet kann ich nicht einschlafen. Außerdem höre ich immer noch das Gebimmel aus den anderen Zimmern. Das scheint wohl eine nicht ganz so ruhige

Nacht zu sein, hier auf der Überwachungsstation. Aber glücklicherweise bin ich alleine in meinem Zimmer. Ohne andere anwesende Personen. Das ist gut. Ich brauche das einfach. Nur ich. Ich alleine mit mir selbst. Und mit meinen Gedanken und Gefühlen, die ich aber selbst in diesem augenblicklichen Moment nicht beschreiben kann. Wenn ich mir die Frage stelle: „Wie geht es dir gerade, wie fühlt sich das gerade für dich an?" Dann kann ich es mir nicht beantworten. Das ist ein Gefühl, das ich zuvor noch nie erlebt habe. Ich kann es nicht beschreiben. Und selbst wenn ich es könnte, es könnte niemand nachempfinden. Nur jemand, der genau das schon einmal erlebt hat, kann vielleicht annähernd verstehen, was ich meine. Aber in Worte ist das nicht zu fassen.

Ich liege die ganze Nacht wach, drehe mich hin und her, nichts passiert.
Ich fühle mich wie im falschen Film, alles ist so irreal.

# 21. Juni 2018 – Onkologie? Krasser Scheiß!

Draußen beginnt langsam ein neuer Tag. Es wird hell, Vögel zwitschern, erste Sonnenstrahlen scheinen durch das Fenster in das Zimmer herein.

Lass es einen guten Tag werden. Bitte.

Gegen sechs Uhr bekomme ich Gesellschaft. Eine ältere Dame wird als Notfall eingeliefert und belegt eines der beiden freien Betten.

Kaum liegt sie, schläft sie.

Respekt. Das würde ich auch gerne können. Hinlegen, zack, und weg.

Spätestens ab diesem Zeitpunkt wäre es bei mir mit der Nachtruhe dahin gewesen. Die Gute sägt nämlich einen ganzen Wald ab. Aber ich kriege ohnehin kein Auge zu.

Um acht Uhr kommen die Schwestern, und ich bekomme die nächste Portion Antibiotika in die Vene.

Kurz darauf ist Visite. Ein Arzt und zwei jüngere Begleiter in weißen Kitteln stellen sich an mein Bett.

„Den mitleidigen Blick können sie sich sparen", denke ich mir.

Ich werde darüber informiert, dass ich in ein bis zwei Stunden abgeholt und auf die Onkologie in mein neues Zimmer gebracht werde.

Gerade in dem Moment als ich verlegt werde, kommen meine Eltern. Perfektes Timing.

Mir wird der Rollstuhl hingeschoben, aber ich lehne dankend ab. Ich setze mich doch nicht in einen Rollstuhl. „Könnt ihr vergessen. Mach´ ich nicht. Ich gehe."

Darauf hätte ich selbst dann noch bestanden, wenn ich nicht dazu in der Lage gewesen wäre. Ein bisschen stur kann ich schon auch sein. Also wird eben meine Tasche mit dem Rollstuhl transportiert und ich gehe zu Fuß nebenher.

Außerdem tut mir von dem komischen Bett dermaßen der Rücken weh, sodass ein bisschen Bewegung nicht schaden kann.

So gehen wir nun hinter dem Pfleger Richtung Onkologie.

Onkologie.

Alles in mir sträubt sich. Ich will nicht. Ich habe Angst. Ich will hier raus. Alles in mir schreit „ich will hier weg". Bei jedem einzelnen Schritt.

Wir gehen durch die Gänge der Klinik. Wir fahren mit dem Aufzug. Wir gehen durch die Tür.

Wir sind da. Ich bin da.

Und ich werde auch schon erwartet. Die Krankenschwester begrüßt mich und führt uns den orangenen Gang entlang in mein Zimmer. Doppelzimmer.

Das Bett am Fenster ist bereits von einer älteren Dame

belegt.

Ein Einzelzimmer wäre natürlich komfortabler, allerdings gibt es das auf dieser Station gar nicht. Nur Zweier- oder Dreierzimmer.

Nun gehen wir die Aufnahme durch, ich bekomme viele Zettel, werde einiges gefragt und die Informationen schießen nur so auf mich ein. Ich lasse alles über mich ergehen und bin währenddessen eher kurz angebunden, denn ich will das gerade alles gar nicht. So überhaupt nicht. Ich will am liebsten aufstehen und gehen. Ich muss aus dieser Station raus. Raus aus dem Krankenhaus. Jetzt sofort.

Das geht aber nicht.

Tränen laufen.

Nachdem das Protokoll abgearbeitet ist, dauert es nicht lange und der Raum füllt sich mit ungefähr acht Ärzten. Alle mit weißem Kittel und Mundschutz. Alle nur wegen mir hier.

Danke, aber das wäre nicht nötig gewesen.

Die Oberärztin hat das Wort. Sie hätten sich die Befunde aus der Radiologie angesehen und haben den Verdacht, es könne sich um ein Hodgkin Lymphom handeln. Lymphdrüsenkrebs. Der nächste Schritt wäre jetzt auf jeden Fall eine Biopsie, bei der eine Gewebeprobe des Tumors entnommen wird, um bestimmen zu können, worum genau es sich nun handelt und um vor allem den Therapieplan erstellen zu können. Außerdem wäre dann das Stadium des Krebses bekannt. Diese Untersuchung soll entweder noch heute oder morgen stattfinden.

Gleiches gilt für den Lymphknoten am Hals. Den möchten sie mir auch spätestens morgen herausschneiden und untersuchen.

Jedes Mal, wenn das Wort Krebs oder Tumor fällt, zucke ich innerlich zusammen. Das sind Wörter, die kennt man. Klar. Aber nicht im Zusammenhang mit einem selbst.

Was sie auch erklärt, ist, dass man diese Krebserkrankung sehr gut behandeln könne, und ich quasi Glück im Unglück hätte.

Ich höre ihr zu, aber irgendwie bin ich von ihrer Gesamterscheinung mitsamt dem Mundschutz abgelenkt. Die Oberärztin erinnert mich ein wenig an Lucy Wilde, die Frau von Gru. Gru von den Minions. Und ich frage mich, ob ihre Nase unter dem Mundschutz wohl auch so spitz ist.

Die Realität holt mich jedoch schnell wieder ein. Die Minions sind vergessen, der Grund, warum ich hier bin allerdings nicht.

Die Ärzteversammlung verlässt das Zimmer.

Tränen laufen.

Kurz darauf kommt noch einmal die Stationsärztin herein, redet beruhigend auf mich ein und tastet meinen Lymphknoten am Hals ab.

Den kann man mit den Fingern auch sehr gut fühlen, wird vielleicht ungefähr zwei Zentimeter groß sein. Trotzdem habe ich ihn die ganze Zeit gar nicht bemerkt.

In den nächsten Stunden kommt eine Ärztin nach der anderen, alle fragen sie mich viel. Nach Symptomen, Beschwerden … was, wie, seit wann … Und jedes Mal wieder alles von vorne.

Aber alle sind sie auch wahnsinnig nett. Die Ärzte, die Schwestern, die Pfleger.

Das möchte ich wirklich einmal betonen, von Anfang an habe ich mich auf dieser Station sehr gut aufgehoben gefühlt.


Irgendwann betritt eine Frau von der Leukämiehilfe den Raum und informiert uns kurz, dass es von diesem Verein gewisse Patiententreffen gibt, sowohl für Betroffene, als auch für Angehörige. Nicht nur für Menschen mit Leukämie, sondern auch für anderweitig an Krebs erkrankte Menschen. Schon während sie erzählt, weiß ich, dass das für mich nicht von Bedeutung ist.

Das klingt mir einfach zu negativ.

Klar, darüber reden ist immer gut. Aber für mich hört sich das momentan sehr nach „wir machen jetzt alle mal einen Stuhlkreis und erzählen uns gegenseitig, wie schlecht es uns eigentlich geht" an.

Nee, danke, ohne mich.

Wahrscheinlich ist dem nicht so, und diese Treffen sind total entspannt und die Leute gut drauf. Aber trotzdem.

Um mal ein bisschen Bewegung zu haben und um uns die Station anzuschauen, drehe ich mit meinen Eltern eine Runde auf dem Gang. Es sieht hier eigentlich ganz okay aus. Dieser Orangeton macht einiges aus. Ich will nicht sagen, dass es fröhlich wirkt, aber es gibt einem ein wesentlich besseres Gefühl als dieses sterile Krankenhaus-Weiß.

Als wir vorm Schwesternzimmer stehen und ich darum bitte, von dem leeren Infusionsbeutel abgestöpselt zu werden, treffen wir auf die Psychoonkologin. Selbstverständlich habe ich bei der Aufnahmebefragung abgelehnt, etwas Derartiges in Anspruch nehmen zu wollen. Ich befinde mich schließlich noch immer in meiner kleinen Trotzphase.

Es ist wirklich gut, dass es das gibt. Aber für mich ist das nichts. Ich mache mein Zeug lieber mit mir selbst aus. Vielleicht ist das nicht immer der beste Weg, aber so bin ich nun mal. Ich rede mit fremden Menschen nicht über meine persönlichen Probleme, Ängste und Sorgen. Kann ich nicht, will ich nicht, brauche ich nicht.

Das kann man womöglich als eigensinnig bezeichnen,

aber damit ich jemandem überhaupt einmal irgendetwas über mich erzähle, muss da schon eine gewisse Vertrauensbasis vorhanden sein.

Auch während dem kurzen Gespräch merke ich bereits, dass ich davon nicht Gebrauch machen werde. Ich will nicht mitleidig angeschaut werden. Ich will nicht verstanden werden.

Ich will entweder in Ruhe gelassen werden, oder dass mit der Situation humorvoll umgegangen wird. Da höre ich lieber ein „na schöne Scheiße", als ein „das tut mir wirklich sehr leid für Sie, aber es gibt immer ein Licht am Ende des Tunnels", in Kombination mit einer mitleidigen Miene und einem traurigen Blick.

Dass meine derzeitige Situation nicht gerade beneidenswert ist, das weiß ich selber. Aber das Letzte, wonach mir momentan ist, ist Mitleid.

Mitleid gibt es immer umsonst, man bekommt es quasi hinterhergeschmissen. Und alles, was man hinterhergeschmissen bekommt, das kann so gut nicht sein.


Am späten Nachmittag stellt sich heraus, dass die angedachten Untersuchungen heute doch nicht mehr durchgeführt werden können und auf morgen verlegt wurden.

Also immer noch Ungewissheit.

Ich brauche erst einmal eine Dusche nach dem Ganzen. Was zugleich auch eine kleine Herausforderung ist, aufgrund des Zugangs im Arm. Ich dusche für gewöhnlich ja eher ohne eine Nadel im Arm zu haben. Aber es geht schon irgendwie.

Bei der zweiten Runde auf dem Gang treffen wir eine Ärztin, die zuvor auch zu dem riesigen Team in meinem Zimmer gehörte. Von ihr kommen ebenfalls Worte, die zuversichtlich klingen. Dass die Chemotherapie super anspringen werde, dass der Tumor dadurch sehr schnell kleiner werde und dass es mir schon nach einer Woche erheblich besser gehen werde.

Trotz der Konjunktiv-Form merke ich, wie ich mich allmählich emotional stabilisiere.


Wieder in meinem Zimmer angekommen, wird auch schon das Abendessen serviert.

Mmh, Krankenhauskost.

Aber es geht eigentlich. Ist besser als ihr Ruf. Fünf Sterne sind es nicht, aber vielleicht zwei bis drei. Es gibt Zucchinisalat, eine Semmel und Käse.

Ich esse, meine Eltern verabschieden sich.

Als das Essenstablett von dem Essens-Boy abgeholt wird, unterhalte ich mich noch eine Weile mit ihm. Cooler Typ, auch super nett. Und es tut gut, sich einfach mal ein wenig locker unterhalten zu können.

Und Leuten in meinem Alter hier zu begegnen. Die ältere Dame, mit der ich mein Krankenhauszimmer teile, ist dagegen nicht sehr gesprächig. Zwar nett, aber wir unterhalten uns so gut wie gar nicht. Das stört mich auch nicht groß. Ich habe gerne meine Ruhe. Lieber zusammen mit jemanden das Zimmer teilen, der die Klappe hält, als mit jemanden, der ohne Punkt und Komma quasselt. Ich bin gerade eh schon genug mit mir selbst beschäftigt. Da brauche ich nicht noch jemanden, der von mir bespaßt werden möchte.

Ich nehme mein Smartphone zur Hand und bin überrascht, wie viele Leute sich bei mir gemeldet haben. Freunde, Bekannte, Arbeitskollegen. Über jede einzelne Nachricht freue ich mich wahnsinnig. Zu wissen, da sind Leute, die sich für mich interessieren und an mich denken, ist ein tolles Gefühl. Gerade in dieser Zeit, in der sich alles komisch und wie im falschen Film anfühlt, ist es schön zu wissen, dass man nicht alleine ist.

Als ich mich gerade hinlegen und schlafen will, kommt ein Arzt ins Zimmer und nimmt mir noch Blut ab. On top habe ich jetzt nämlich doch die Lungenentzündung. Immerhin nur eine leichte, aber ernst nehmen sollte man das durchaus. Fieber habe ich zusätzlich. Denn halbe Sachen mache ich nicht. „Alles mitnehmen, was geht", denkt sich wohl mein Körper.

Schließlich bringt mir die Nachtschwester noch eine weitere Antibiotikainfusion.

Nachdem diese durchgelaufen ist und ich den lästigen Schlauch an meinem Zugang los bin, mache ich das Licht aus und leg mich ins Bett.

Wenn ich so darüber nachdenke, geht es mir eigentlich gar nicht so schlecht. Also natürlich könnte ich mir in diesem Augenblick eine schönere Umgebung vorstellen. Aber im Grunde muss man sich nur einmal zehn Minuten im Krankenhaus auf den Gang stellen und schauen, was da alles so in seinem Krankenhausbett an einem vorbei geschoben wird. Was man da alles sieht …

Und dann sollte man sich fragen, worüber man sich zuletzt aufgeregt hat. Und ob es das wirklich wert war.

Grundsätzlich sollte man sich viel öfter fragen, was einem eigentlich wichtig ist im Leben. Und wie weit man gerade davon entfernt ist.

Weit entfernt vom Einschlafen bin ich jedenfalls nicht. Da ich in der ersten Nacht keine einzige Minute geschlafen habe, bin ich mittlerweile doch recht müde.

Die Aufregung hat sich inzwischen auch ein wenig gelegt und ich bin sozusagen schon ein kleines bisschen angekommen.

Während ich kurz vorm Wegtreten bin, kommt mir die Idee, dass ich über das Ganze hier doch ein Buch schreiben könnte. Um das alles festzuhalten.

Vielleicht möchte das mal einer von meinen Freunden lesen. Oder vielleicht findet sich sogar eine noch größere Reichweite. Das wäre ja abgefahren.

Ab morgen mache ich mir Stichpunkte, was den Tag über so passiert, nehme ich mir vor. Nur Sekunden später befinde ich mich im Land der Träume.

Und so geht Tag eins auf der Onkologie zu Ende.

## 22. Juni 2018 – Und Action

Die erste Nacht auf der Onkologie war ganz gut. Ich konnte dieses Mal sogar einige Stunden schlafen. Was auch gut war, denn heute ist an Programm auch etliches geboten.

Begonnen wird mit einer Blutabnahme. Und dann werde ich auch schon abgeholt und mit Bett zusammen zur Bronchoskopie gefahren. Bei dieser etwa einstündigen Untersuchung wird der Tumor punktiert, also ein Stückchen davon herausgeschnitten, um das dann in der Pathologie untersuchen zu können. Anhand dessen kann ganz genau bestimmt werden, was das für eine Art von Tumor ist und was ich da nun eigentlich habe. Bei dieser Lungenspiegelung wird mir ein Endoskop über den Mund eingeführt und durch die Luftröhre bis vor in die Bronchien der Lunge geschoben, anschließend wird geschnippselt.

Von dem ganzen Prozedere bekomme ich zum Glück nichts mit. Zunächst inhaliere ich über eine Atemmaske für zwei Minuten Medikamente ein und werde dann auch schon in den Saal geschoben. Über meinen Zugang bekomme ich ein Schlafmittel gespritzt und, schwuppdiwupp, weg bin ich.

Als ich wieder zu mir komme, befinde ich mich wieder im Vorraum des OP-Saals und fühle mich ziemlich benebelt. Über einen Schlauch, der mir in der Nase steckt, wird mir Sauerstoff zugeführt. „Brauch ich nicht, den Käse ... das könnt ihr gleich wieder weg machen", sage ich, finde aber kein Gehör. „Na gut", denke ich mir, „aber nur solange wie unbedingt nötig". Das tut zwar nicht weh, ist aber trotzdem irgendwie doof. Ich bekomme doch genug Luft.

Dass das mit dem Sauerstoff sehr wohl nötig war, erkenne ich erst, als ich mir einige Wochen später den OP-Bericht dazu durchlese. Darin steht nämlich, dass zwei Minuten nachdem mir der Beatmungsschlauch entfernt wurde, meine Sauerstoffsättigung bis auf 27% herunter gegangen ist. Zwar nur für etwa eine halbe Minute, aber das sind trotzdem gut 70% weniger als sonst. Deswegen war das eigentlich eine ziemlich gute Idee mit dem Sauerstoffschlauch in der Nase. Das hatte sich alles jedoch schnell wieder reguliert und da es sowieso etwas gedauert hat, bis ich wieder nahezu voll und ganz im Hier und Jetzt war, hatte ich davon überhaupt nichts mitbekommen. Einzig den lästigen Plastikschlauch in der Nase empfand ich als störend.

Nach einer kurzen Weile werde ich wieder auf mein Zimmer transportiert. Unterwegs treffen wir noch auf die Dame, die die Essensbestellung aufnimmt.
Gerade als wir aus dem Aufzug fahren, steht sie mit

ihrem Ipad an meinem Bettende und fragt mich, was ich denn morgen essen möchte. Frühstück. Mittagessen. Abendessen.

Sie liest vor und fragt. Ich antworte. Ich antworte nahezu jedes Mal mit „ja". Zum einen ist das einfach das kürzere Wort, zum anderen hört sich das alles auch recht gut an.

Aber was ich mir da jetzt bestellt habe? Keine Ahnung. Dazu bin ich noch nicht richtig wach.

Na da bin ich ja mal richtig gespannt auf morgen und lasse mich überraschen, welch opulentes Menü für mich gezaubert wird.

Kaum auf dem Zimmer, kommt kurze Zeit später auch schon der nächste Transport. Jetzt geht es in die HNO-Abteilung.

Da festgestellt wurde, dass ich einen vergrößerten Lymphknoten am Hals habe, links kurz über dem Schlüsselbein, muss dieser entfernt werden.

Dazu bin ich nun beim HNO-Arzt, der sich mit Hilfe des Ultraschalls das Ganze etwas genauer anschaut.

Und feststellt: „Den können wir leider mit lokaler Betäubung so nicht entfernen, dafür liegt er an einer zu gefährlichen Stelle."

Oh Mann. Jetzt habe ich mich schon gefreut, dass das zur Abwechslung mal eine schnelle Nummer wird und ich das Teil ruckzuck los bin.

Aber das Entfernen des Lymphknotens muss doch besser unter Vollnarkose durchgeführt werden. Dafür brauche ich einen festen Termin und deswegen geht das heute nicht mehr. Montag wäre ich gleich die erste auf dem Plan, die an die Reihe kommt, wird mir gesagt.

Naja gut, dann halt Montag.

Anschließend geht es zum Herz-Echo, da der Tumor ja auch ein wenig auf die dortigen Gefäße drückt und mein Herz deswegen schneller schlagen lässt. Durchschnittlich habe ich die letzten Tage immer einen Puls von 100. Wahnsinn, wenn ich darüber nachdenke, dass der normalerweise bei der Hälfte liegt.

Mitsamt Krankenhausbett werde ich in den Untersuchungsraum geschoben und kann während der Echokardiografie auch in meinem Bett liegen bleiben. Dabei schaut sich die Ärztin mein Herz mittels Ultraschall an.

Und sie gibt Entwarnung. Mein Herz sieht „perfekt" aus.

An dieser Stelle fetten Respekt an mein Herz und vor allem auch an meine rechte Lunge, die die ganze Arbeit alleine machen muss, meine linke Lunge chillt derweil ja unter dem Tumor. Und ich habe keine Atembeschwerden, keine Atemnot, nichts.

Vor zwei Monaten bin ich damit sogar noch durch die

Gegend gejoggt. Meine Joggingstrecke laufe ich in etwa einer dreiviertel Stunde. Das ging mal besser, mal nicht so gut. Aber jedes Mal habe ich den Hügel im Luitpoldpark mit durchgezogen und habe mich hoch gequält. Ich hatte mich zwar gewundert, warum ich bei der Hälfte des Aufstiegs schon das Japsen anfange, aber in den meisten Fällen kam ich doch recht schnell oben an.

Nachdem das mit dem Herzultraschall erledigt ist, wird mir eine kurze Verschnaufpause gewährt und es geht zum Röntgen der Lunge. Dies wird gemacht, um sicher zu gehen, dass bei der Lungenspiegelung in der Früh alles gut gegangen ist. Ein Check quasi.
Und es ist auch alles gut gegangen. Zum Glück.

Der letzte Programmpunkt stellt das Gespräch mit der Gynäkologin dar.
Durch die Chemotherapie werden Zellen angegriffen. Vor allem solche, die sich schnell teilen. Was hauptsächlich die Krebszellen betrifft. Aber leider nicht nur die, sondern auch Haarzellen, Hautzellen, Zellen der Schleimhäute, des blutbildenden Systems und viele mehr. Unter anderen auch die Eizellen. Diese werden durch die Zytostatika so geschädigt und zerstört, dass es danach mit der Fruchtbarkeit höchstwahrscheinlich vorbei ist.

Zudem ist man vorzeitig in den Wechseljahren. Beides ist für jemand mit Mitte 20 eher uncool.

Aber man kann da ja was machen. Mehrere Dinge sogar.

Wenn es um den Erhalt der Fruchtbarkeit oder das Thema Kinderwunsch geht, ist es möglich, sich als Frau unbefruchtete oder befruchtete Eizellen entnehmen und einfrieren zu lassen. Frozen Eggs sozusagen. Für mich kommt das nicht in Frage, denn ich weiß noch gar nicht, ob ich überhaupt eine Miniaturausgabe von mir in die Welt setzen möchte und die Kosten für die Lagerung müssen selbst übernommen werden. Hinzu kommt noch, dass vor der Entnahme eine Hormonbehandlung erfolgen muss. Die dauert zwar nur zwei Wochen, aber erst danach kann mit der Chemotherapie begonnen werden.

Eine andere Variante ist das Einfrieren von Eierstockgewebe. Das kann zwar relativ schnell und ohne Hormonbehandlung durchgeführt werden, dafür ist aber eine Operation nötig. Dabei wird das Eierstockgewebe entnommen und nach Beenden der Therapie wieder zurückverpflanzt. Sobald es angewachsen ist, ist es wieder funktionsfähig.

Die dritte Möglichkeit – und die Alternative, für die ich mich entschieden habe – ist die Gabe von Antihormonen. Damit überhaupt ein Ei heranreifen kann, braucht es Hormone. Fehlen diese jedoch, so bleiben die Eizellen in ihrem unreifen Stadium. Durch die Antihormone reifen die Eizellen nicht heran und chillen einfach mal ´ne Weile. Der Hormonmangel wird durch eine kleine Spritze hervorgerufen. Gonadotropin-releasing-Hormon-Analoga nennt sich dieses Medikament. Hört sich eindrucksvoll an, deswegen dachte ich, ich schreibe es mal dazu. Die Spritze ist einmal im Monat fällig und hat zudem noch den Vorteil, dass man in der Zeit seine Tage nicht bekommt. Immerhin davon hat man dann seine Ruhe. Allerdings gibt es doch einen kleinen Haken. Währenddessen befindet man sich kurzzeitig in den Wechseljahren, denn durch das GnRH-Analoga wird der Östrogenspiegel im Blut herabgesenkt. Also sind Hitzewallungen und Schlafstörungen meine neuen Begleiter.

Darüber lässt sich streiten, was nun besser ist: bluten wie ein abgestochenes Schwein oder Schweißausbrüche von einer Sekunde auf die andere.

Nichtsdestotrotz ist diese Maßnahme alles in allem unkompliziert und gut verträglich.

Endlich bin ich wieder auf meinem Zimmer. Nach einiger Zeit kommt dann noch eine Ärztin zum Gespräch. Sie fasst nochmal das Tagesgeschehen zusammen und gibt auch gleich einen Ausblick über den weiteren Verlauf.

Ob ich das so genau wissen möchte, weiß ich gar nicht.

An dieser Stelle Hut ab vor der Ärztin. Wie sie das alles so runter rattert, in welchen verschiedenen Abteilungen ich heute gewesen bin, was dort gemacht worden ist und was die Ergebnisse sind. Das alles zählt sie so auf, als würde sie ihren Einkaufszettel vorlesen. Ich habe das Ganze immerhin am eigenen Leib erfahren und mitgemacht und ich hätte Schwierigkeiten, das so lückenlos und fehlerfrei zu berichten. Außerdem ist es Freitag, und schon nach fünf. Trotzdem ist die Ärztin die Ruhe in Person und erklärt alles ganz genau, nimmt sich wirklich Zeit und beantwortet meine Fragen ausführlich.

An dieser Stelle fühle ich mich endlich dazu in der Lage, zu fragen, wie das denn mit den Haaren sei. Das ist nämlich das Schlimmste für mich. Wenn die ausfallen.

Ich will meine Haare nicht verlieren.

Ich will nicht wie ein Mensch aussehen, der Krebs hat.

„Doch. Bei dieser Art der Chemotherapie werden Ihnen höchstwahrscheinlich die Haare ausfallen."

Ich nehme das eigentlich recht gefasst auf, zum einen weil ich mich wohl mit der Situation arrangiert habe, zum anderen aber auch, weil die Ärztin in dem Gespräch genau die richtigen Worte gefunden hat, mir ein gutes Gefühl zu geben.

Das möchte ich wirklich ganz stark hervorheben, die Ärzte sind top, alle total nett und sympathisch, sie nehmen sich Zeit für Fragen und beantworten mir diese sehr detailliert und verständlich.

Abgesehen davon, sind die Ärztinnen hier auch sehr hübsch. Und das trotz Mundschutz. Das hebt natürlich auch die Laune und wer weiß, fördert vielleicht sogar die Genesung.

Jedenfalls fühle ich mich hier rundum gut aufgehoben.

Abends erfahre ich, dass ich umziehen muss. Bei einem Patienten wurde ein Keim entdeckt und da ich mittlerweile alleine im Zimmer liege, kommt dieser Herr in meines und ich werde in ein Drei-Bett-Zimmer verlegt. Die ältere Dame durfte vormittags nach Hause gehen und seither residiere ich alleine.

Schade, dass ich jetzt woanders hinmuss. So hätte ich diese Nacht sozusagen ein Einzelzimmer gehabt. Premium. Vollpension. Honeymoon-Suite gewissermaßen.

Ok, will ich mal nicht übertreiben. Aber es wäre schon cool gewesen.

Aber ich bin hier ja nicht im Urlaub.

Und so werde ich zusammen mit meinem Bett zwei Türen weiter verlegt. Ist aber eigentlich auch ganz schön, dieses Zimmer hier.

Größer, heller und ich bekomme sogar den Fensterplatz. Yeah!

Meine Zimmergenossinnen erscheinen mir auch recht sympathisch, und das ist doch sowieso das Wichtigste.

## 23. Juni 2018 – Rechenkünstler werde ich nicht mehr

Samstag.

Am Wochenende passiert im Krankenhaus an Untersuchungen nicht wirklich viel. Eigentlich gar nichts. Es ist auch mal ganz angenehm, eine kleine Verschnaufpause zu haben.

Blut zapfen sie mir natürlich trotzdem ab.

Ich hege mittlerweile einen leichten Verdacht. Jeden Tag Blutabnahme, teils sogar mehrmals. Ist das normal? Kann das denn mit rechten Dingen zugehen? Was sind hier noch für Menschen? Vampire? Illegaler Bluthandel? Oder ist mein Blut einfach so high quality, dass die sich sagen: „Mensch, von der Spindler bitte so viel wie geht."

„Das zergeht auf der Zunge, süßliche Aromen, ein Feuerwerk im Munde, zart im Abgang, die pure Geschmacksexplosion, und dann noch diese Farbe!"

Kann ja sein. Weiß ich ja nicht. Hinter den Kulissen bekomme ich ja nichts mit. Von Graf Dracula und seinen Helferlein …

Gegen Mittag bekomme ich Besuch. Lena ist da. Wir kennen uns seit Schulzeiten, sind also schon jahrelang befreundet. Die zehn Jahre haben wir schon lange voll.

Ich kenne sie, sie kennt mich. Ich weiß so gut wie alles über sie. Sie weiß so gut wie alles über mich. Das ist bei ihr aber sicher verwahrt. Bei mir übrigens auch.

Wir verstehen uns super und sind aber doch verschieden. Allerdings haben wir beide keine Ahnung von Mathe. Und daher kennen wir uns auch. Aus dem Mathe-Nichts-Checker-Förderkurs der achten Klasse des Gymnasiums. Was beweist: man muss nicht immer alles verstehen. Wäre ich eine Leuchte in Mathe gewesen, hätte ich mit Lena wahrscheinlich nicht viel zu tun gehabt. Da wäre keine Freundschaft draus geworden. Zum Glück war ich ´ne Pfeife in Mathe. Und sie auch.

Jedenfalls füllt sich so der Samstag, ein bisschen Unterhaltung, ein kleiner Spaziergang auf dem Gang der Station.

Dazwischen gibt es Mittagessen. Gar nicht so schlecht das Krankenhaus-Essen. Also wenn man bedenkt, dass das ja ein Krankenhaus ist und man normalerweise seine eigene gigantische Fünf-Sterne-Küche gewohnt ist. Oder die von Mami.

Na gut, ein bisschen fad gewürzt ist es. Aber der Obstsalat. Hui, der Obstsalat ist der Knaller. Und überhaupt wird hier an Obst nicht gespart. So viel Obst kann ich gar nicht essen wie ich serviert bekomme. Da kriege ich sonst noch einen Obstschock. Teilweise bunkere ich das Zeug auf meinem Nachtkasterl. Ich überlege kurzzeitig, einen Obstladen aufzumachen. Oder zu versuchen, das zu verticken. An die Ärzte. Wenn sie das Zimmer betreten.

„Heute im Angebot: ein Pfirsich. Füüür nuuur 99 Cent. Oder ein Apfel. Heute extra für Sie nur 60 Cent. Oder nehmen Sie beides. Unschlagbares Angebot, ein Pfirsich und ein Apfel für nur 1,80 Euro."

Spätestens jetzt leuchtet das mit dem Mathe-Förderkurs auch jedem ein.

Das mit meinen Marktschreierqualitäten und Obstverkäufertalenten lasse ich dann doch lieber sein. Ich möchte auch nicht zu sehr auffallen. Ich bekomme so schon genug Infusionen. Nicht dass die Ärzte da auf dumme Gedanken kommen.

Abends bin ich anschließend doch ziemlich müde und kaputt und schlafe schnell ein.

Besuch ist zwar schön, aber auch anstrengend.

## 24. Juni 2018 – Krankenhaussentimentalität

Blutabnahme. Infusionen. Nichts Besonderes. Ist schließlich Sonntag heute. Ruhe vor dem Sturm könnte man sagen, wenn ich wüsste, was für ein Programm mir diese Woche noch bevorstehen wird.

Ich unterhalte mich ein wenig mit meinen Bettnachbarinnen. Die eine hat Leukämie, die andere Lungenkrebs. Beides scheiße. Eigentlich ist jeder Krebs scheiße. Jede Krankheit, die dir vor Augen führt, dass du nicht gesund bist.

Da kommt mir das Krankenhaus wie eine ganz andere Welt vor. Was sich dort tagtäglich abspielt, was für Menschen dort ein- und ausgehen. Was es für Krankheiten und Einzelschicksale gibt. Was man dort sieht, was man eigentlich lieber nicht sehen möchte. Was es gibt, wovon man noch nie gehört hat, woran man noch nie gedacht hat und was man so genau vielleicht auch besser gar nicht wissen möchte.

Das hier drinnen ist die andere Seite des Lebens. Man ist auf der falschen Seite des Lebens. Nichts ist normal. Es gibt kein normal. Es gibt keine Normen. Jeder, der hier drinnen ist, ist individuell.

Es ist nicht selbstverständlich, gesund zu sein. Es ist nicht selbstverständlich, keine Schmerzen zu haben. Es ist nicht selbstverständlich, seinen Tag so gestalten zu können, wie man das gerne möchte. Es ist nicht selbstverständlich, alt zu werden. Es ist nicht selbstverständlich, überhaupt zu leben.

Eigentlich ist nichts selbstverständlich.

Darüber sollte jeder einmal nachdenken. Und zwar ausführlich.

Wenn man beispielsweise am Montag um 17:45 Uhr an der Supermarktkasse steht. Schön eingereiht. Zehn Leute vor einem. Alle Großeinkauf. Natürlich. Und die Bahn, die man unbedingt erwischen will, um 17:52 abfährt. Man wird nervös. Man guckt auf die Uhr. Im Sekundentakt. Nur noch drei Leute vor einem, zwei Leute. Könnte klappen.

Und dann hat es die Oma vor einem passend … man zahlt, man rennt, man sieht die Bahn. Allerdings nur noch die Rücklichter.

Man ärgert sich. Aber eigentlich ist das gar nicht so schlimm. Die nächste Bahn kommt. Bestimmt.

Das Leben kann schneller vorbei sein, als man denkt.

Das Leben kann sogar schon fast vorbei sein, ohne dass man es weiß.

Zu leben ist ein Geschenk. Also krieg deinen Arsch hoch und mach was draus.


Es gibt Menschen, die bekommen mit Mitte 20 eine schlimme Diagnose und erfahren, dass sie nicht mehr lange zu leben haben. Dass der letzte Geburtstag wahrscheinlich schon der letzte gewesen ist.

Es gibt Menschen, deren Chance auf Heilung ungewiss ist, nach dem Motto: „Wir probieren das jetzt einmal, aber keine Ahnung … ".

Im Vergleich dazu kann ich mich eigentlich gar nicht beschweren.

Das Hodgkin Lymphom ist natürlich auch nicht gerade das Gelbe vom Ei, aber bei mir hieß es immer im selben Atemzug, das sei sehr gut zu therapieren und die Heilungschancen stünden bei über 90%. Insgesamt gibt einem das sicherlich ein gutes Gefühl. Trotzdem muss es eben auch diese anderen 10% geben. Was ist, wenn ich selbst dazugehöre? Schließlich gibt es immer wieder auch Menschen, die nicht auf die Therapie ansprechen. Was ist, wenn das bei mir der Fall ist? Und wahrscheinlich wäre ich auch nicht die erste, die sogar daran stirbt.

Sterben. Ein kleines Wort mit viel Gewicht.

Abgesehen davon, ist das mit 26 auch eher weniger cool. Da bin ich derzeit nicht sonderlich scharf drauf. Wie ist das, wenn man stirbt? Vielleicht ist das in Wahrheit gar nicht so schlimm, wie man sich das immer vorstellt.

Ich male mir das in etwa folgendermaßen aus:

Ich befinde mich irgendwo im Himmel, oder zumindest in der Nähe davon, denn ich spüre kühle, flauschige Wolken unter meinen Füßen.

Ich stehe vor einer riesigen, goldenen Tür, die sich plötzlich mit einem lauten Knarren öffnet. Es regnet glitzerndes Konfetti und im Hintergrund ertönt eine Fanfare. Noch bevor ich mich an die neue Umgebung gewöhnen kann, steht meine Tante neben mir und drückt mir erst einmal ein Bier in die Hand.

„Mensch, da bist du ja. Herzlich willkommen!"

„Hey Carola, was geht? Schön, dich endlich wieder zu sehen!" Wir liegen uns glücklich und freudig in den Armen. Dann stoßen wir zusammen an und machen da weiter, wo wir vor einigen Jahren aufgehört haben. Es ist, als wäre keine Zeit dazwischen gewesen und wir kommen von einem Thema zum nächsten.

Nach einem kurzen Fußmarsch stehen wir vor dem gemütlichsten Häuschen der ganzen Gegend. Es ist klein und moosbewachsen, dazu gehört ein einladend wirkender Garten voller bunt blühender Pflanzen.

In dem Moment, als wir klingeln wollen, wird die Haustür von innen geöffnet.

„Na dann kommt mal rein. Das Essen ist schon fertig."

Voller Wiedersehensfreude umarme ich meine Omi und meinen Opi.

Beim gemeinsamen Rührei mit Brot haben wir vier uns einiges zu erzählen.

Mein Empfang hätte gar nicht besser sein können.

Ja, so erträume ich mir das. Und ich muss sagen, diese Vorstellung gefällt mir sogar ziemlich gut. Trotzdem hänge ich sehr an meinem irdischen Leben und möchte das noch eine ganze Weile weiterleben. Eine ganz lange Weile. Noch sehr, sehr lange.

Ich habe hier schließlich noch ein paar Dinge zu erledigen und sonst habe ich denen da oben ja auch nichts zu berichten.

# 25. Juni 2018 – Haute Couture im OP-Saal

Montag. Zack und Action. Los geht es mit einer Woche voller verschiedener Untersuchungen, die meisten davon recht spaßbefreit.

Irgendwann zwischen sieben und halb acht in der Früh werde ich geweckt. Heute steht die operative Entfernung des befallenen Lymphknotens am Hals an. Da dieser ein kleines bisschen ungünstig liegt, kann das Teil nicht einfach so weggeschnipselt werden, sondern muss unter Vollnarkose beseitigt werden. Weil das am Freitag zeitlich nicht mehr gemacht werden konnte, wurde die Schnibbelei auf heute verschoben.

Komfortabel werde ich dazu in meinem Krankenhausbett in den OP-Bereich transportiert. Bevor es in die sterile Zone geht, wird mir noch ein hübsches OP-Häubchen aufgesetzt. Das passt perfekt zu meinem ebenfalls feschen Krankenhaus-Hemdchen.

Top gestylt und high fashioned schiebt man mich in den OP-Saal. Mindestens fünf Ärzte, Anästhesisten und was weiß ich noch alles stellen sich mir vor. Die Namen habe ich allerdings drei Sekunden später auch schon wieder vergessen. Sorry, aber is´ nich´ meine Uhrzeit.

Der OP-Tisch ist nicht gerade bequem, aber ich wurde auf Gel-Kissen gebettet, im ersten Moment schön kühl, danach eher langweilig und unspektakulär. Wofür das jetzt genau gut war, habe ich allerdings vergessen. Kannste ja mal googeln.

Und dann wird mir auch schon eine Maske aufgesetzt und ich atme das Betäubungsmittel ein. Nach kurzer Zeit wird mir schummrig und schwupps, weg bin ich.

Als ich so langsam wieder zu mir komme, befinde ich mich im Aufwachraum. Ich bin noch ziemlich benommen und duselig und interessiere mich auch nicht weiter für mein Umfeld.

Eine Frau in Grün – die Ärztin oder Anästhesistin oder keine Ahnung, vielleicht putzt die Dame dort auch nur (ich glaube, sie war doch Anästhesistin) – gibt mir Bescheid, dass alles gut gegangen ist und ich gleich auf meine Station in mein Zimmer gebracht werde.

Subba. Ich mach dann mal die Augen wieder zu.

So recht schlafen kann ich zwar nicht, aber das einzige, was ich möchte, ist in meinem Bett liegen zu bleiben und die Augen zuzumachen. Mehr brauche ich gerade gar nicht.

Nur daliegen und Augen zu.

Irgendwann meldet sich dann aber meine Blase und ich muss aufs Klo. Alleine schaffe ich es da nur nicht hin. Also ich schon, nur mein Kreislauf nicht. Der liegt wohl noch auf dem OP-Tisch. Oder feiert mal wieder 'ne Party ohne mich.

Dafür ist mir eine Schwester behilflich.

Im Badezimmer werfe ich flüchtig einen Blick in den Spiegel und schrecke entsetzt zurück.

Entweder ist der Operateur Quereinsteiger oder er war in seinem vorherigen Leben Maler. Meine halbe Visage ist orange angepinselt. Und der halbe Oberkörper auch.

Knallorange. Von diesem Jod-Zeug.

Das geht aber mit viel Wasser und viel Seife weg. Wäre zwar mal ein anderes Make-Up gewesen, ist mir dann aber letzten Endes doch zu auffällig.

Und außerdem habe ich ja jetzt ein ganz neues Accessoire. Meine Drainage, die ich die nächsten beiden Tage mit mir herumtragen muss, damit Wundsekret und Blut ablaufen können. Hängt mit einem kleinen Schlauch in meinem Hals. An der Stelle, an der mir der Lymphknoten entfernt wurde.

Schick ist sie, meine neue Handtasche. Ich freue mich aber jetzt schon auf den Moment, in dem sie wegkommt. Ist ungewohnt und irgendwie eklig.


Als es was zu futtern gibt, hat sich auch mein Kreislauf wieder bei mir eingefunden.

Zum Glück. Denn ich war bereits kurz davor, im OP-Saal anzurufen.

„Hallo?"

„Äh, ja hallo. Ähm, also das ist mir jetzt ein bisschen unangenehm, aber ich wollte mal fragen, ob denn mein Kreislauf noch bei Ihnen ist. Den vermisse ich nämlich schon seit Mittag. Haben Sie ihn gesehen?"

Tut tut tut.

Aber diese Szene wurde mir ja erfreulicherweise erspart.

Später kommt noch ein kleines Rudel Ärzte in mein Zimmer und es wird ein Ultraschall an meinem Hals gemacht, um die Lymphknoten und alles drum herum zu checken. Immerhin kann ich dabei auch ganz entspannt in meinem Bett liegen bleiben.

Auf der linken Seite sieht es in der Gegend, an der heute Morgen geschnipselt wurde, etwas eng aus. Das ist aber nicht so tragisch. Um einer eventuellen Thrombose vorzubeugen, bekomme ich von nun an jeden Abend ein Heparin-Spritzchen.

Für den Rest des Tages habe ich meine Ruhe und die brauche ich auch irgendwie. Nach so einer Operation hat man doch eher weniger Lust auf großes Entertainment.

## 26. Juni 2018 – Knochenmarkbiopsie, was heißt das? - Schmerzen!

Heute muss ich schon wieder nüchtern bleiben, denn vormittags geht es zum CT. Immerhin kann ich etwas trinken, zwar Kontrastmittel, das vorsichtig ausgedrückt, eher weniger gut schmeckt, aber ich habe einen dermaßen starken Durst, dass ich den Liter fast auf Ex runterkippe. Danach ist mir beinahe ein wenig übel. Aus diesem Grund kann ich Kontrastmittel nicht als Geschmacksalternative zu Wasser empfehlen.

Kurze Zeit später werde ich gewohnt komfortabel mitsamt Bett in die Radiologie geschoben. Nach einem kurzen Aufklärungsgespräch muss ich noch ziemlich lange warten.

Im Wartebereich schaue ich aus dem Fenster.

Strahlender Sonnenschein. Das wird heute ein warmer Sommertag werden. Ein richtig schöner Tag im Juni.

Nicht jedoch für mich. Wie gerne hätte ich gerade wieder mein Leben vor dem 20. Juni zurück.

Sind sich die Menschen da draußen eigentlich bewusst, was heute für ein toller Tag ist? Wie schön so ein blauer Himmel ist? Wie angenehm sich die Sonne auf der Haut anfühlt? Nehmen die Menschen das Gefühl des Sommers wahr?

Ehe ich allzu sentimental werden kann, bin ich dann endlich an der Reihe.

Die Computer-Tomographie soll Aufschluss darüber geben, wie es um meine übrigen Lymphknoten bestellt ist, ob es irgendwo Auffälligkeiten gibt oder ob tatsächlich nur der Hals- und Brustbereich betroffen ist oder ob noch andere Lymphknoten befallen sind.

Obwohl ich ja bereits zuvor das Kontrastmittel trinken musste, bekomme ich trotzdem während ich in der Röhre liege, ein weiteres in die Vene gespritzt.

Hui, da wird's überall kurz schön warm. Fühlt sich lustig an. Geht einmal durch den ganzen Körper und ehe ich mich fragen kann, ob das auch die Wärme ist, oder ob ich mich da gerade eingestrullert habe, ist es auch schon wieder vorbei.

Also nur zur Information am Rande, es war natürlich nur die Wärme, die sich so angefühlt hat, als ob … naja, du weißt schon.

Die Computer-Tomographie gehört mittlerweile übrigens zu meinen Lieblingsuntersuchungen. Geht schnell, tut nicht weh und man kann dabei sogar liegen. Jackpot!


Nach einem kurzen Moment der Erholung auf meinem Zimmer ist dann der Lungenfunktionstest dran. Dazu werde ich im Rollstuhl in die richtige Abteilung transportiert. Optisch mache ich dabei schon etwas her, schließlich bin ich immer noch stolzer Besitzer meiner individuellen Handtasche, aufgrund dessen ich auch noch mein hübsches OP-Hemd trage. In ein T-Shirt komme ich damit nämlich nicht rein. Die Narbe und die Drainage, das befindet sich ja alles am Hals, gleich über dem Schlüsselbein. Da würde das T-Shirt nur daran scheuern beziehungsweise hängt der Schlauch von der Drainage auch noch dran, das würde mit dem Kragen vom Shirt gar nicht gehen. Darum lasse ich lieber noch den OP-Kittel an. Außerdem bin ich hier schließlich nicht auf einer Modenschau.

Demzufolge werde ich also mit Krankenhaushemd, Drainage und wallendem Haar durch die Gänge geschoben.

Ich weiß nicht, ob ich es mir einbilde, oder ob die Leute mich doch mit verstohlenen Blicken mustern.

So etwas löst bei mir leider immer den Drang zur Provokation aus. Einzig meine gute Erziehung hindert mich daran, den Kopf nach hinten zu neigen, meine Zunge herauszustrecken und röchelnde Geräusche von mir zu geben.

Der Lungenfunktionstest verläuft recht unspektakulär. Fest pusten. Mehr ist das nicht. Peanuts.

Was dann folgt ist die Knochenmarkentnahme. Keine Peanuts. Mehr so ganzer Erdnussstrauch. Oder Feld.

Großes Feld. Anders ausgedrückt: Ich weiß nicht, ob ich jemals zuvor in meinem Leben so etwas Unangenehmes und Schmerzhaftes erlebt habe. Ich glaube nicht.

Wenn man das Wort „Knochenmarkbiopsie" bei Google eingibt, sollten einem eigentlich direkt Wörter wie „Höllenqual", „Folter", „Martyrium" und „Tortur" in Großbuchstaben angezeigt werden. Am besten noch mit Ausrufezeichen versehen und wild blinkend. Denn der alleinige Begriff „Schmerz" wird dem Empfinden während des gesamten Verfahrens nicht annähernd gerecht.

Als kleiner Tipp vorneweg, falls dir das mal blühen sollte: Bleib nüchtern!!

Dieser Tipp wurde mir nämlich nicht zugetragen und deshalb habe ich mich nach meinen Ausflügen zum CT und zum Lungenfunktionstest hungrig über mein Mittagessen hergemacht.

Das war ein Fehler.

Da ich etwas gegessen habe, kann die Prozedur nur mit lokaler Betäubung durchgeführt werden. Es gibt da andererseits noch eine Premiumvariante, bei der man ein Schmerzmittel gespritzt bekommt, sodass man sich danach auch nicht mehr so recht an die Knochenmarkentnahme erinnern kann. Aber das funktioniert eben nur in nüchternem Zustand. Denn bei dieser Betäubung verhält es sich ähnlich wie bei einer

Vollnarkose. Neben Bewusstsein und Schmerzempfinden werden hierbei auch die Schluck- und Hustenreflexe ausgeschaltet. Dadurch kann Mageninhalt in den Rachen gelangen und eingeatmet werden. Eine mögliche negative Folge davon wäre eine Lungenentzündung. Mindestens sechs Stunden vor der Knochenmarkbiopsie sollte ich also nicht mehr gegessen haben. Da ich mir mein Mittagessen allerdings erst vor ein paar Minuten reingezogen habe, gibt es für mich nun keine Wahl. Eine lokale Betäubung muss genügen.

Dafür habe ich nun den Vorteil, dass ich mich noch sehr deutlich daran erinnern kann. Ob das jetzt wirklich so toll ist, sei dahingestellt.

Auf jeden Fall habe ich dadurch etwas zu erzählen.

Ich liege also seitlich in meinem Bett – das Ganze kann auf der Station in meinem Zimmer in meinem Bett gemacht werden – und bekomme die lokale Betäubung gespritzt. Entnommen wird das Knochenmark aus dem Beckenkamm. Als der Arzt die Spezialnadel, mit der das Zeug herausgeholt werden soll, mir ins Fleisch piekst, denke ich mir noch: „Ach super, ich spür´ gar nichts." Allerdings ändert sich das dann schlagartig, als er beim Beckenknochen angelangt ist. Ab da ist Schluss mit lustig. In den bohrt er indessen die Nadel mit ordentlich Druck und sich weniger gut anfühlenden Drehbewegungen herein und stanzt das

Knochenmark heraus. Die Fummelei dauert bestimmt nur eine gute Viertelstunde, es kommt mir jedoch wie eine Ewigkeit vor.

Alter. Scheiße, tut das weh. Die Schmerzen haben ein solches Ausmaß, dass es mir den Schweiß auf die Stirn treibt. Wobei nicht nur auf die Stirn. Ich bin mittlerweile klatschnass. Das Atmen fällt mir dabei außerdem schwer, mein Gesicht ist nur noch schmerzverzerrt. Diese Intensität ist einfach unfassbar.

Was Schmerzen angeht, halte ich normalerweise schon so einiges aus, aber jetzt bin ich fix und fertig.

Eine kurze Pause folgt, ich bekomme die Gelegenheit zum Luft holen.

„So, das war der erste Teil", sagt der Arzt. Ich, völlig entgeistert und schockiert: „Waaas?! Von wie vielen denn??"

Das war die Stanzbiopsie, was nun folgt, ist die so genannte Aspiration.

Auf die Punktionsnadel wird eine Spritze aufgesetzt und darüber ein Knochenmarkblutgemisch angesaugt.

Das klingt weniger schlimm als es sich anfühlt.

Auf Nachfrage versichert mir der Herr Doktor, dass der erste Teil schlimmer sei und ich diesen ja bereits hinter mich gebracht habe.

Tatsächlich aber fuhrwerkt der Arzt da dermaßen an meinem Becken herum, dass ich meine Finger in das

Kopfkissen kralle und mir mit schmerzverzerrtem Gesicht ein „aahh" nicht verkneifen kann. Gut, vielleicht waren es auch zwei „aahhs", oder drei ... oder mehr. Das Ganze in Worte zu fassen, fällt mir unglaublich schwer, da diese Intensität an Schmerz schlichtweg nicht zu beschreiben ist. Man müsste es erlebt haben. Das empfehle ich allerdings wirklich niemandem. Denn ehrlich gesagt war dieser zweite Teil nochmal eine Nummer heftiger. Nachdem der gesamte Vorgang endlich vorbei ist, bin ich nass geschwitzt und komplett fertig mit der Welt.

Mit letzter Kraft frage ich noch, ob ich das entnommene Knochenmark denn mal sehen kann. Schließlich möchte ich auch was für meine Schmerzen geboten bekommen.

Sieht ganz hübsch aus. Wie ein dicker gezackter roter Faden.

Anschließend muss ich noch eine Stunde auf einem Sandsack liegen, damit die Blutung gestillt wird und es zu keiner Nachblutung kommt.

Ansonsten verbringe ich den restlichen Tag im Bett. Das war definitiv genug für heute. Ich brauche nichts mehr. Nur meine Ruhe.

Insgesamt ein krasses Erlebnis, von dem mir zwei Wochen danach noch der Hintern wehtun sollte.

# 27. Juni 2018 – Frau Professor, wo bleibt mein Welcome-Drink?

Zwei Tage nach der Lymphknoten-Operation ist es nun endlich so weit, dass die Drainage entfernt werden kann.

Hurra!

Der Arzt zieht den dünnen Schlauch an meinem Hals heraus und dabei spritzt als kleiner Zusatzeffekt etwas Blut schön auf den Boden. Musste er anschließend erst einmal den Fußboden wischen.

Aber so bin ich endlich meine Handtasche los. Das war zwar ein seltenes Stück, aber auf Dauer doch ein wenig unfunktional und lästig.

Ansonsten passiert heute nicht mehr viel.

Draußen regnet es zur Abwechslung. Wobei das Wetter an mir eigentlich total vorbei geht, hier im Krankenhaus. Ich nehme nur wahr: Sonne ja oder Sonne nein. Ansonsten fühlt sich das immer gleich an, und da es nun mal Sommer ist, sieht es meist auch immer gleich aus.

Nur eben heute nicht, das fällt dann sogar mir auf. Heute ist so ein gemütlich trister Regentag, an dem man nicht vor die Tür gehen möchte und es sich lieber drinnen auf der Couch bequem macht.

Immerhin gibt es im Gegensatz zu der eher traurigen Stimmung beim Blick aus dem Fenster eine freudige Botschaft am Nachmittag.

Denn später am Tag besuchen mich gefühlt zehn Ärztinnen mitsamt der Oberärztin. Man könnte es auch Visite nennen, aber das klingt so förmlich. Besuchen hört sich dagegen schon ungezwungener an. Mehr so nach gemütlicher Atmosphäre. Locker, entspannt. Wie Urlaub. Cluburlaub.

Apropos.

Nachdem die Frau Professor Oberärztin mich darüber informiert hat, was die kommenden beiden Tage noch auf mich zukommt und mir in Aussicht stellt, am Wochenende das Krankenhaus höchstwahrscheinlich verlassen zu können, sehe ich meine Chance gekommen, endlich den Punkt anzusprechen, der mich schon lange beschäftigt und mir geradezu auf der Seele brennt.

Ich zeige auf mein Patientenbändchen an meinem Handgelenk und sage mit ernster Stimme: „Es hieß all inclusive. Ich warte immer noch auf den Welcome-Drink."

Das Lachen der Ärztinnen ignorierend, fokussiere ich mit kritischem Blick und hochgezogener Augenbraue weiter die Oberärztin.

Die – natürlich – um keine Ausrede verlegen ist und gar nicht schlecht kontert: „Den haben Sie bereits intravenös bekommen."

Da ich mich nicht weiter unbeliebt machen möchte, von wegen fehlendem Spa- und Wellnessbereich, Streichelzoo und Ähnlichem, halte ich lieber die Klappe und freue mich, dass mein Aufenthalt im rechts der Isar wohl bald beendet ist.

Inzwischen liegen nämlich alle Befunde vor. Es handelt sich tatsächlich um das Hodgkin Lymphom.

Eine allzu große Überraschung ist das nun nicht mehr, denn die Ärzte sind ohnehin die ganze Zeit genau davon ausgegangen. Die Tumorschnibbelei am Freitag war dabei zwar wenig aufschlussreich, da das entnommene Gewebeteil zu klein zur Bestimmung gewesen ist, dagegen war die operative Entfernung des Lymphknotens am Hals von Erfolg gekrönt und der Herr Hodgkin konnte somit eindeutig bestimmt werden.

Das Hodgkin Lymphom, oder auch Lymphdrüsenkrebs, ist eine bösartige Erkrankung des lymphatischen Systems.

1832 wurde sie von Sir Thomas Hodgkin zum ersten Mal als eigenständige Erkrankung beschrieben. Daher auch der merkwürdige Name. Hätte ich also vor 200 Jahren gelebt, wäre es an dieser Stelle vorbei gewesen, denn unbehandelt verläuft diese Krankheit immer tödlich. In meinem Fall wäre das aller Wahrscheinlichkeit nach Organversagen oder eine Folge daraus gewesen, weil das Herz oder die Lunge durch den immer größer werdenden Tumor zu sehr behindert worden wären und keine Chance mehr gehabt hätten, sich dagegen zu wehren.

Die Ursache des Ganzen ist bisher noch nicht so recht erforscht. Eine nicht zu vernachlässigende Rolle spielt dabei das Epstein-Barr-Virus. Patienten, die in ihrem Leben bereits an Pfeiffer'schem Drüsenfieber erkrankt waren, entwickeln häufiger ein Hodgkin Lymphom als Menschen, die diese Krankheit nicht hatten. Genetisches Material des Epstein-Barr-Virus lässt sich dann in den Hodgkin- und Reed-Sternberg-Zellen nachweisen. Das war auch bei mir so. Trotzdem gibt es natürlich eine ganze Reihe von Menschen, die das Pfeiffer'sche Drüsenfieber hatten, anschließend aber nicht am Hodgkin Lymphom erkranken. Bis zum 30. Lebensjahr haben sich mehr als 95% der Bevölkerung mit diesem Virus infiziert, zumeist ohne es überhaupt zu wissen, da es keine klinischen Symptome dafür gegeben hat.

Andere mögliche Ursachen für diese Art von Krebs könnten eine gestörte Steuerung des Immunsystems sein sowie genetische Faktoren oder Umwelteinflüsse oder eben einfach keine Ahnung, Pech gehabt.

„Also, wir hätten da einmal das Hodgkin Lymphom zum sofort Mitnehmen im Angebot. Wer möchte?"
Warum mein Körper ausgerechnet bei dieser

Gelegenheit laut „hier" schreien musste, das weiß ich leider auch nicht, jedenfalls habe ich dabei sofort den Zuschlag erhalten.

Diese Krankheit entsteht, wenn bestimmte Zellen des lymphatischen Gewebes, vor allem die B-Lymphozyten, infolge von Veränderungen im Erbgut entarten. Dann wird auch von Hodgkin-Zellen gesprochen. Auch Reed-Sternberg-Riesenzellen lassen sich in den befallenen Lymphknoten und Organen nachweisen. Das ist insofern von Bedeutung, da man durch diese Reed-Sternberg-Zellen das Hodgkin Lymphom von dem Non-Hodgkin-Lymphom unterscheiden kann. Das wäre dann nämlich wieder eine ganz andere Baustelle.

Und weil es gerade so schön kompliziert ist, mache ich da gleich einmal weiter. Die B-Lymphozyten, oder B-Zellen, gehören zu den Leukozyten, oder weiße Blutkörperchen. B-Zellen bilden Antikörper und erkennen Krankheitserreger. Sie entwickeln sich im Knochenmark und werden im Keimzentrum der Lymphknoten gebildet.

Die Lymphknoten sind daher beim Hodgkin Lymphom am häufigsten betroffen, aber auch Organe wie Lunge, Leber, Knochenmark und Milz können befallen sein.

Diese Art von Lymphdrüsenkrebs zählt in Deutschland mit einer niedrigen Inzidenz von zwei bis drei

Neuerkrankungen auf 100.000 Personen pro Jahr zu den relativ seltenen Krankheiten. Weltweit ist diese Krebsart mit einer Inzidenz von etwa einer Neuerkrankung auf 100.000 Personen pro Jahr noch seltener. Männer erwischt es im Verhältnis 3:2 häufiger als Frauen.

Was das angeht, kann man sich schon als etwas Besonderes fühlen, auch wenn man lieber nicht zu den Auserwählten gehören möchte.

Überwiegend Menschen zwischen dem 20. und 30. Lebensjahr erkranken daran. Ein weiterer, aber kleinerer Häufigkeitsgipfel lässt sich noch nach dem 65. Lebensjahr ausmachen.

Immerhin gehört das Hodgkin Lymphom zu den bösartigen Tumorerkrankungen mit den höchsten Heilungschancen. Heutzutage können über 80 Prozent aller Patienten geheilt werden. In den frühen Stadien sind es sogar über 90 Prozent.

Damit ist das eine der am besten behandelbaren onkologischen Erkrankungen im Erwachsenenalter. Deswegen sprach die Oberärztin zu Beginn auch von „Glück im Unglück", denn wenn man sich eine Krebsart aussuchen könnte, sollte man sich wohl für das Hodgkin Lymphom entscheiden. Aber ungünstigerweise hat man da leider nie ein Mitspracherecht.

Laut Klassifikation befinde ich mich im intermediären Stadium IIA.

Insgesamt gibt es vier Stadieneinteilungen, wobei sich das in den Heilungsraten nicht unbedingt bemerkbar macht. Auch Patienten in Stadium vier haben noch eine hervorragende Prognose.

Der Zusatz A bedeutet, dass keine B-Symptome vorhanden sind, beim Zusatz B dagegen liegen B-Symptome vor. Das kann Fieber über 38 Grad sein, Nachtschweiß oder ein Gewichtsverlust von mehr als 10% des Körpergewichtes innerhalb von sechs Monaten.

Wichtig sind zudem auch noch die Risikofaktoren zur Stadieneinteilung. Insgesamt gibt es vier verschiedene. Einer davon ist das Vorliegen eines großen Mediastinaltumors, wie in meinem Fall. Da mein ungebetener Gast auf der Lunge so groß ist, dass er mindestens ein Drittel des Brustkorbquerdurchmessers misst, gilt dies als Risikofaktor.

Erfreulicherweise sind der Hals und der Brustbereich die einzigen beiden Regionen, an denen bei mir Lymphknoten befallen sind. Die Stelle am Hals ist insofern noch ein kleines Problem, da in der Nähe des herausgeschnittenen Knotens alles ein wenig eng ist und somit die Gefahr einer Thrombose besteht. Damit dies eben nicht passiert, ist eine Heparinspritze morgens und abends fällig.

Durch das Heparin soll auch verhindert werden, dass sich in den Gefäßen beim Herzen eine Thrombose bildet. Dort drückt der Tumor immer noch auf die ein oder andere Vene.

Zwei Fliegen mit einer Spritze sozusagen. Nebenwirkungen hat das ausnahmsweise einmal nicht, es blutet halt ein wenig mehr und länger, wenn man sich verletzt und durch das Spritzen wird der Bauch blau und grün. Naja, öfter mal was Neues.

Ebenfalls positiv ist das Ergebnis der Knochenmarkentnahme. Das Knochenmark ist nicht befallen und sieht so aus, wie es ausschauen muss. Haben sich dafür die Schmerzen gelohnt? Ich weiß es noch nicht so genau, denn das zählt ohnehin zu den standardmäßigen Routineuntersuchungen.

Aber hätte man mich vorher gefragt, ich hätte gesagt: „Nee, lass mal, das passt da schon alles."

Ich will ja nicht angeben, aber ich hätte recht gehabt …

# 28. Juni 2018 – (Prêt à) Port(er)

Heute ist der Tag, an dem mir mein Port eingesetzt werden soll. Wann das sein wird, weiß ich allerdings nicht.

„Irgendwann im Laufe des Tages", hieß es. Am liebsten wäre mir natürlich direkt in der Früh gewesen. Denn: was erledigt ist, ist erledigt.

So aber komme ich dann an die Reihe, wenn die Chirurgen gerade Zeit dafür haben.

Für was genau der Port gut ist, wurde mir bereits am Tag zuvor erklärt.

Im Wesentlichen ist der Port eine Erleichterung für die Chemotherapie. Die Zytostatika müssen nicht über einen Zugang im Arm in die Vene laufen, sondern können bequem über den Port in das Blutsystem laufen. Ein etwa 20 cm langer Silikonschlauch führt dabei vom Port aus über das Venensystem direkt in die großen weiten Blutgefäße vor dem Herzen. Dort fließt eine große Menge an Blut vorbei, sodass kein Schaden an der Gefäßinnenhaut entstehen kann. Dies könnte nämlich der Fall sein, wenn die Chemo über die Armvene gegeben wird.

Da kannste danach deine Venen unter Umständen nämlich wegschmeißen.

Weil ich meine Venen also noch eine ganze Zeit lang behalten möchte und die Ärzte mir auch dazu geraten haben, habe ich mich für den Port entschieden.

Eingepflanzt wird der wieder einmal mit lokaler Betäubung. Ich bin ein bisschen beunruhigt, als ich das höre. Mit lokaler Betäubung habe ich schlechte Erfahrungen gemacht. Erst kürzlich. Vorgestern, um genau zu sein.

„Nee, das tut nicht weh", sagt meine Zimmernachbarin, die total begeistert ist von ihrem Port.

„Na gut, schauen wir mal", noch bin ich skeptisch.

Zunächst werde ich wieder via Rollstuhl zum Lungenfunktionstest gefahren. Das ist sozusagen mein Vormittagsprogramm. Lungenfunktionstest, ja richtig, da war ich neulich schon einmal. Da ich aber an einer klinischen Studie teilnehme, muss ich dort jetzt noch einmal vorstellig werden, weil etwas gefehlt hat. Fahrrad fahren. Das ging nämlich mit meiner kleinen Handtasche am Hals nicht. Ist quasi ein erweiterter Lungenfunktionstest, bei dem man zusätzlich noch zwei, drei Minuten auf dem Fahrrad-Ergometer strampeln muss.

Wieder auf meinem Zimmer angekommen, geht die Warterei weiter. Und das nervt. Weil ich so gar nicht weiß, wann ich denn nun dran bin.

Jetzt? Später? Abends? Überhaupt noch heute?

Keiner weiß es.

Ablenkung finde ich dadurch, dass mich eine Ärztin über die Studie aufklärt und mich genau darüber informiert.

Auf Empfehlung der Ärzte nehme ich an der Nivahl-Studie der German Hodgkin Study Group teil. Das hört sich im ersten Moment an wie eine Tanzgruppe, die sich auf Ausdruckstanz spezialisiert hat, ist aber in Wirklichkeit eine Studiengruppe, die sich nur mit dem Hodgkin Lymphom beschäftigt und die vor allem die Optimierung der Therapie dieser Krebserkrankung zum Ziel hat. Folglich werden durch diese Gruppe mehrere Studien durchgeführt. Und eine davon ist eben die Nivahl-Studie.

Dabei wird neben der Chemotherapie auch eine Antikörpertherapie eingesetzt. Durch den gegebenen Antikörper werden die körpereigenen Immunzellen aktiviert, um gegen die Tumorzellen zu kämpfen und sie somit abzutöten. Das Immunsystem und der Antikörper Nivolumab bilden demzufolge ein Team gegen die feindlichen Tumorzellen, weswegen auch von einer Immuntherapie gesprochen wird.

Im Unterschied zu der Chemotherapie ist eine Immuntherapie nicht zytotoxisch, also kein Zellgift.

Die reguläre Standardtherapie bei einem Hodgkin Lymphom im mittleren Stadium sind zwei Zyklen mit dem Chemo-Schema BEACOPP eskaliert und zwei Zyklen mit dem Schema ABVD, dabei steht jeder

Buchstabe für ein Medikament. Im Anschluss erfolgt die Bestrahlung mit 30 Gy. Zwar kann auf diese Weise eine langfristige Heilung erzielt werden, trotzdem gilt diese Behandlung als aggressiv und hat eine ausgeprägte kurz- und langfristige Toxizität zur Folge. Das heißt, dabei kann unter Umständen eine ganze Menge kaputt gehen. Mit dem neuen Schema sollen die Nebenwirkungen reduziert und die Lebensqualität verbessert werden.

Deswegen fällt im Rahmen der Studie das Schema BEACOPP eskaliert komplett weg und bei der Zusammensetzung ABVD wird auf das Medikament B verzichtet. Denn es ist fraglich, ob das Chemotherapeutikum Bleomycin, welches für das B in der Zusammensetzung steht, überhaupt wirksam ist und zudem kann es die Lunge schwer schädigen.

Dementsprechend besteht meine Therapie aus drei Säulen: Immuntherapie, Chemotherapie und Bestrahlung.

Mein Therapieplan sieht daher folgendermaßen aus:

2 Zyklen Immuntherapie (viermal Nivolumab)
2 Zyklen Immuntherapie plus Chemotherapie (viermal Nivolumab und AVD)
2 Zyklen Chemotherapie (viermal AVD)
Bestrahlung mit 30 Gray (Strahlendosis)

Ein Zyklus hat eine Dauer von vier Wochen und alle zwei Wochen muss ich in die Tagesklinik zur ambulanten, intravenösen Cocktailzufuhr.

Wie das dann genau mit der Bestrahlung ablaufen wird, weiß ich noch nicht. Da diese auch frühestens erst in sechs Monaten beginnt, ist das sowieso noch total weit weg von mir.

Morgen startet erst einmal die Immuntherapie. Die hat zwar auch jede Menge mögliche Nebenwirkungen, aber zumindest werden mir davon höchstwahrscheinlich die Haare nicht ausgehen. Was das angeht, habe ich noch eine kurze Schonfrist.

Die Liste an möglichen negativen Begleiterscheinungen ist so schon lang genug. Auf drei Din A4 Seiten ist unglaublich vieles aufgezählt, was eventuell auftreten kann. Beim Durchlesen bin ich sehr darüber erstaunt, was sich alles im Körper entzünden kann. Ein Potpourri an guter Laune ist das ja nicht gerade, wenn ich mir die Seiten genau betrachte. Angefangen mit Durchfall und Juckreiz geht es zu Schwindel und Fieber, dann zu Muskelschmerzen und Erbrechen, dann zu Störungen des Gehirnnervs und Nierenversagen, dann zu Atemversagen und anaphylaktische Reaktionen und dann reicht es mir und ich habe genug gelesen. Schwere Autoimmunreaktionen können auch durch das Nivolumab verursacht werden, aber ehrlich gesagt, möchte ich mir darüber nicht so genau

Gedanken machen. Es kommt, wie es kommt. Eine Alternative gibt es nicht, also bleibt mir nur übrig, abzuwarten und das Beste zu hoffen.

Abwarten und hoffen, dass das mit dem Port einsetzen bald klappt, ist das, was mich im Moment mehr beschäftigt.

Nachdem die Ärztin gegangen ist, geht also die Warterei weiter.

Und wie ich so vor mich hin warte, fällt mir eine Beule an meinem Arm auf, an der Stelle, wo ich nun seit kurzem meinen Zugang habe. Je länger ich auf die Beule starre, desto mehr merke ich, dass es sogar auch ein wenig weh tut. Also mal lieber gleich der Krankenschwester Bescheid sagen.

Ein paar Augenblicke später habe ich den Zugang also wieder im rechten Arm. Ist mir persönlich als Linkshänderin auch lieber. Andererseits sei an dieser Stelle kurz erwähnt: ich kann mir den Hintern jetzt auch mit der rechten Hand abwischen. Zu viel Information, denkst du jetzt vielleicht. Nun ja, es sind die kleinen Dinge im Leben …

Einen überraschenden Besuch gab es heute zwischenzeitlich auch, es waren nämlich die Klinikclowns da. Sie machten auf mich zwar eher den Eindruck, als wären sie zwei Häuser weiter aus der Psychiatrie

entwischt, aber als Abwechslung zum Krankenhaus-
alltag war das eigentlich ein ganz nettes Ereignis. Und
etwas da gelassen haben sie mir auch. Eine aus Luftballons geformte Blume. Es ist eine Blume mit einem
blauen Pflanzenstiel. Ja. Blau. Ich sag ja, normal waren die nicht …

Gegen acht Uhr abends dann die freudige Botschaft
der Schwester:
„Frau Spindler, Sie werden es nicht glauben, es geht
los, Sie werden gleich abgeholt."
Na endlich. Dass ich das noch erleben darf.
Mal wieder werde ich höchst behaglich in meinem
Krankenhausbett durch die Klinik geschoben. Wobei
ich mich dabei nicht sehr behaglich fühle, eher leicht
nervös. Dieses Mal geht es eben in die Chirurgie, wo
ich auch direkt sehr freundlich begrüßt werde.
„Hast du Schmerzen?", werde ich gefragt.
„Nein, noch nicht", antworte ich mit einem skepti-
schen Unterton.
„Nee, wirst du auch nicht. Schmerzen wirst du hier
keine haben."
Aha. Ich bleibe aber trotzdem lieber noch misstrau-
isch.
Was auf jeden Fall schon einmal total cool ist, ist das
Chirurgen-Team. Alles sympathische Leute, mit
denen ich auch gleich per Du bin. Ob ich denn dabei

Musik hören möchte, wird mir angeboten.

„Ja, klar, voll gern!"

Und schon dröhnt Good Charlotte durch den OP-Saal.

Bis alles hergerichtet ist und ich richtig platziert bin, sind wir ganz locker am Quatschen.

Super Atmosphäre, super Stimmung.

Wäre da nicht der kleine Haken, dass die mich in ein paar Minuten gleich aufschneiden.

Bevor es losgeht, werde ich aber erst einmal nahezu komplett mit grünen OP-Tüchern abgedeckt. Auch direkt vor meinem Gesicht hängt eines. Grün, alles grün. Aber ist ja auch die Farbe der Hoffnung. Also wird das schon passen.

Kurz am Überlegen bin ich, als mir die Frage gestellt wird, ob ich denn über dem Bildschirm die Operation mitverfolgen möchte.

Hmm. Grundsätzlich würde mich das Ganze wirklich total interessieren, nur gerade im Moment habe ich so meine Zweifel, ob mein Kreislauf der Sache gewachsen wäre. Der würde sich dann höchstwahrscheinlich wieder verabschieden. Zusätzlichen Stress möchte ich vermeiden.

Deswegen entscheide ich mich dagegen und schaue lieber nicht zu, sondern unterhalte mich stattdessen weiter mit den Aufschneidern. An und für sich ist das ja schon irgendwie recht lustig.

Da wird man aufgeschlitzt, ist aber bei vollem Bewusstsein. Meine Donnerstagabende wüsste ich mir selbstverständlich auch anderweitig zu gestalten, aber wer kann schon von sich behaupten, so etwas erlebt zu haben.

Ist das erstrebenswert? Kann man da stolz drauf sein? Nun ja, man muss die Feste feiern, wie sie fallen.

Es geht los. Ich bekomme das Betäubungsmittel in die Stelle gespritzt, an der gleich geschnibbelt werden soll. Zuvor wurde ich auch dieses Mal mit dem orange farbigen OP-Make-Up, was ja eigentlich Jod ist und aus Gründen der Sterilität verwendet wird, angemalt.

„Nicht so viel, das reicht schon. Das kriegt man so schwer weg und so schön ist es auch wieder nicht."

Zumindest hat eine lokale Betäubung den Vorteil, dass ich noch immer plappern kann. Für den Operateur ist das wohl eher ein Nachteil, aber der hat diesbezüglich ohnehin leider kein Mitleid mit mir und pinselt eifrig weiter.

Ich habe derweil resigniert und warte auf mein Schicksal.

Die Betäubungsspritze fühlt sich jetzt nicht unbedingt angenehm an, aber so ein hartes Weichei bin ich nun auch wieder nicht. Ein bisschen zwicken und brennen ist schon in Ordnung. Insofern es nur dabei bleibt, habe ich kein Problem damit.

Jetzt wird geschnitten.

Auf der rechten Seite der Brustwand wird die geeignete Vene freigelegt und eröffnet. In diese Vene wird anschließend ein feiner Kunststoffschlauch eingeführt, und zwar so weit, dass die Spitze des Schlauchs in der oberen Hohlvene, also dem Herzen nahe liegt. Bei mir ist das eine Länge von 19 cm. Der Katheterschlauch wird an der Vene fixiert und es erfolgt das Schaffen der Portkammertasche, sozusagen damit es der Kunststoffport schön kuschelig und bequem bei mir hat. Dies passiert im Bereich der Faszie des Brustmuskels. Der gesamte Eingriff findet unter einer Röntgenkontrolle statt, sodass der Chirurg jederzeit nachkontrollieren kann, ob das, was er da gerade so schnipselt, auch seine Richtigkeit hat.

Zum Schluss wird noch genäht.

Unterdessen hat sich mein Stresslevel zwar nicht sonderlich gesenkt, aber immerhin unterhalte ich mich weiter entspannt mit den Chirurgen. Das ist auch ohne große Probleme möglich, denn ich spüre tatsächlich keinen Schmerz.

Ehe der Wundverband angelegt wird, sticht der Operateur die frisch eingepflanzte Portkammer gleich an.

„Ach, das mit dem Anstechen machen am besten gleich wir, bevor da irgendwer anderes dran rumpfuscht", so oder so ähnlich der Wortlaut des Schnibblers.

Das Anstechen des Ports ist unter Umständen wohl auch eher eine mäßig spaßige Aktion. Was ich so vom Hörensagen und Lesen mitbekommen habe, kann das nämlich durchaus mit Schmerzen verbunden sein.

Und da meine Port-Stelle gerade ja eh noch schön betäubt ist, bin ich dementsprechend dankbar, dass das direkt in einem Aufwasch erledigt werden kann.

Aus denselben Gründen wie bei der Knochenmarkentnahme bekomme ich auch hier noch einen kleinen Sandsack auf die Wunde aufgelegt und werde wieder zurück auf mein Zimmer transportiert.

Hui, das war ein Ereignis. Gehört zwar eher zu der Kategorie „Würde ich dir nicht unbedingt empfehlen, wenn du es nicht brauchst", aber so ist wieder ein weiterer Punkt auf dem Protokoll abgehakt und erledigt.

Die folgenden beiden Tage soll ich den rechten Arm nach Möglichkeit nicht über 90 Grad heben, damit die Narbe heilen kann. Ich kleiner Schisser gehe natürlich lieber auf Nummer sicher und werde meinen Arm vorsorglich erst einmal überhaupt nicht bewegen.

Mittlerweile ist es irgendetwas zwischen halb zehn und zehn Uhr. Im Krankenhauszimmer ist es dunkel und ruhig, meine Bettnachbarinnen schlafen wohl schon. Das würde mir jetzt auch guttun, war ja genug Showprogramm für heute.

Doch das mit dem Schlafen gestaltet sich ein wenig schwierig. Normalerweise bin ich Seitenschläfer, aber das funktioniert mit der frischen Wunde nicht. Also liege ich eben auf dem Rücken. Nicht unbedingt die bequemste Schlafposition, aber es geht schon. Kurz bevor mir die Augen zufallen, wird die Zimmertür geöffnet. Meine Lieblingsnachtschwester hat Dienst. Allerdings ist sie nicht gekommen, um mir eine Gute-Nacht-Geschichte vorzulesen, sondern um mir mitzuteilen, dass das standardmäßige Röntgen im Anschluss an die Operation vergessen wurde.

Aus diesem Grund darf ich in einem Rollstuhl Platz nehmen und werde durch das Krankenhaus zum Röntgen geschoben. Immerhin geht alles recht schnell vonstatten, denn nachts um zwölf ist in der Klinik auch nicht mehr viel Betrieb. Ich finde, es hat sogar etwas, um diese Uhrzeit durch die leeren Gänge gefahren zu werden. Hier und da ist ein Fenster geöffnet, es weht ein kühler Luftzug herein. Draußen eine laue Sommernacht mit Sternenhimmel, drinnen der hell beleuchtete Krankenhausflur.

Das muss Krankenhausromantik sein.

Oder es liegt eventuell auch noch an der anhaltenden Betäubung. Die jetzt allerdings immer mehr nachzulassen scheint.

Nach der Rückkehr von meinem Ausflug wirft meine Lieblingsnachtschwester noch einen kurzen

Kontrollblick auf den Wundverband. Ein Schmerzmittel lehne ich jedoch ab, ich möchte hier schließlich nicht als Schluffi dastehen. Auf der Schmerzskala macht das momentan sowieso nur den mittleren Bereich aus, und solange Polen noch nicht offen ist, sehe ich keinen Anlass zur vorzeitigen Einnahme von zusätzlichen Medikamenten.

## 29. Juni 2018 – Immunsystem, du Schisser

Als ich am Morgen aufwache, sieht das mit den Schmerzen dann schon etwas anders aus. Schlimmer nämlich.

Schlafen konnte ich erstaunlicherweise verhältnismäßig gut, doch jetzt befinde ich mich doch im mittelstarken bis starken Schmerzbereich, sodass ich mir mal lieber einen kleinen Schmerztrunk geben lasse.

Der wirkt auch relativ schnell und sorgt zudem dafür, dass mein Kreislauf bei mir bleibt.

Das Programm für den heutigen Tag ist recht übersichtlich gestaltet: Lungenfunktionstest, Informationen zum Ablauf der Chemotherapie und am Nachmittag soll dann auch schon die erste Infusion der Immuntherapie über meinen neuen Port hereinlaufen.

Lungenfunktionstest? Hö, schon wieder? Ja beziehungsweise nein. Das war eine Fehlmeldung, wie sich herausgestellt hat. Denn dort war ich ja bereits zuvor schon für den kleinen und den erweiterten Test. Doch so bin ich auf diese Weise aus meinem Krankenhauszimmer herausgekommen und habe einen kleinen Abstecher in die HNO-Abteilung gemacht.

Den Rest des Tages verbringe ich in meinem Bett und erfahre wie die Chemotherapie zukünftig ablaufen wird.

Die gesamte Therapie, also Immun- und Chemotherapie, kann beides ambulant durchgeführt werden. Das hat den Vorteil, dass ich nicht jedes Mal stationär für einen oder mehrere Tage ins Krankenhaus muss. Alles kann direkt an einem Tag erledigt werden. Hierzu ist dann logischerweise auch nicht mehr die Krankenhausstation für mich zuständig, sondern die Tagesklinik. Im ersten Moment finde ich das fast ein wenig schade, denn ich habe mich doch gerade so schön eingelebt. Andererseits ist es natürlich auch nicht schlecht, wenn das Ganze innerhalb von ein paar Stunden erledigt ist und ich nicht jedes Mal für das Krankenhaus meine Sachen packen muss. Aber Tagesklinik heißt eben auch: alles neu. Neue, mir unbekannte Ärzte und Schwestern. Und dabei stelle ich mich doch so ungern auf neue Leute ein.

Ehe ich noch lange die Vor- und Nachteile abwägen kann, steht auch schon die Ärztin mit dem Infusionsbeutel der Immuntherapie vor mir.

Oh. Das sieht ja unspektakulär aus. Ich weiß zwar nicht, was genau ich erwartet habe, aber so eine unscheinbare, durchsichtige Flüssigkeit eigentlich nicht. Und das sind auch nur 240 Milliliter, das ist doch gerade mal ein Schluck. Dafür soll es dann mit einer Stunde aber doch recht lange durchlaufen.

Na gut, dann lassen wir die Chemie mal rein.

Nach rund zehn Minuten wird es eher langweilig und da mir eh schon die ganze Zeit der Duft des Himbeerkrapfens vom Nachmittag von meinem Nachtkästchen in meine Nase zieht, greife ich danach, beiße ab, kaue, schlucke und dann wird es in der Tat doch noch spektakulär.

Auf einmal spüre ich einen leichten Druck im Magen, der sich bis nach oben hin ausdehnt. Für zwei, drei Atemzüge bleibt mir die Luft weg. Mein Kreislauf hat sich abgeseilt und ich laufe knallrot an im Gesicht.

So schnell wie es gekommen ist, ist es auch wieder vorbei.

Hoppla, was war das denn?

Gute Frage, denn so genau erklären kann sich das keiner. Die Ärztin sprach von einer unspezifischen Reaktion, da hätte sich mein Immunsystem wohl mal kurz erschrocken.

Süß ... mein Immunsystem hat sich erschrocken.

Das tut mir wirklich leid, liebes Immunsystem. Aber ich konnte absolut nicht wissen, dass du auch so ein Angsthase bist wie mein Kreislauf.

Zur Sicherheit tropft die übrige Infusion nun mit halber Geschwindigkeit weiter. Glücklicherweise ohne erneute Komplikationen. Für meinen Geschmack war das heute auch voll und ganz ausreichend.

Wenn alles dabei bleibt und es mir morgen ebenfalls gut geht, kann ich gegen Nachmittag das

Krankenhaus verlassen. Dann wäre mein Aufenthalt hier also ziemlich bald beendet.

Darüber mache ich mir in meiner letzten Nacht im Krankenhaus Gedanken.

Das war's jetzt. Morgen geht's heim. Zehn Tage stationärer Aufenthalt neigen sich dem Ende zu. Zehn Tage voller verschiedener Eindrücke, Gefühle, Chaos, Untersuchungen, Ereignissen, emotionalen Hochs und Tiefs.

In der allerersten Nacht wusste ich überhaupt nicht, was auf mich zukommt. Im Grunde wusste ich zu dem Zeitpunkt gar nichts. Weder wo oben ist, noch wo unten ist. Ich war einfach nur leer im Kopf.

In dieser Nacht blicke ich darauf zurück und merke, wie ich in den letzten Tagen stärker geworden bin. Alles, was hinter mir liegt, ist geschafft. Der Weg mag vielleicht noch ein langer sein, aber wenn ich so nach hinten über meine Schulter blicke, habe ich schon ein gewaltiges Stück gemeistert.

Ich liege noch eine ganze Weile wach. Wie wird das werden, in der nächsten Zeit?

Kann ich Sport machen? Wann gehen mir die Haare aus? Wie werde ich damit fertig? Und wie wird es mir überhaupt ergehen in den kommenden Wochen und Monaten?

Irgendwann fallen mir die Augen zu und ich schlafe ein.

# 30. Juni 2018 — Tag 11 - Exit

Heute wird ein guter Tag.

Schon in der Früh genieße ich das Privileg, nicht in das Vergnügen der Blutabnahme zu kommen. Blut wird von mir keines mehr benötigt. Ist Graf Dracula wohl endlich gesättigt. Oder er macht einen kalten Entzug. Mir soll es recht sein, so können sich meine Venen zumindest wieder langsam erholen.

Gut erholt bin auch ich von meiner ersten Infusion am Tag zuvor. Erwartungsgemäß geht es mir hervorragend und als die Ärztin mir mitteilt, ich könne jetzt dann nach Hause, möchte ich sie fast umarmen.

Endlich darf ich heim!

Selten habe ich fröhlicher meine Klamotten zusammengelegt und meine Tasche gepackt.

Ich bekomme noch Medikamente für die nächsten Tage und Rezepte mit und verlasse bestens gelaunt das Krankenhaus.

Geiles Gefühl wieder in Freiheit zu sein. Fühlen sich so auch Knastis, wenn sie entlassen werden?

Jetzt geht es erst einmal zu meinen Eltern, wo ich übergangsweise vorerst wieder einziehen werde. Das ist nämlich dem Fünf-Sterne-Hotel noch näher als das rechts der Isar.

Woran ich mich allerdings noch etwas gewöhnen muss, ist das Spritzen von Heparin.

Das hat bisher immer ganz bequem die Krankenschwester gemacht und da ich mir keine Schwester zum Mitnehmen aussuchen durfte, muss ich das nun selbst machen. Im Grunde ist das auch keine große Sache, nur anfangs eben ein bisschen befremdlich. Eine kleine Stelle am Bauch desinfizieren, Speck zusammendrücken und rein damit. Morgens und abends.

Als kleiner Tipp, am besten schön über dem Bauch verteilt, also in der Früh links, am Abend rechts, und jedes Mal eine andere Stelle. Ich habe nämlich zu Beginn den Fehler gemacht, nur auf der rechten Seite zu spritzen. Die war dann nach kurzer Zeit sehr blau und sehr grün und durch die Knubbel, die sich aufgrund der Spritzen gebildet haben, irgendwann unbrauchbar. In diese Verhärtungen unter der Haut sollte nämlich nicht gespritzt werden.

Deswegen bin ich daraufhin dazu übergegangen, mir möglichst kreuz und quer eine Spritze zu setzen. Das hat zusätzlich den stylischen Nebeneffekt, dass eben der ganze Bauch blau und grün ist. Mit viel Fantasie und zugekniffenen Augen lässt sich fast „Blaues Pferd" von Franz Marc erkennen. Edvard Munch wäre geneigt zu sagen: „Cool, der letzte Schrei."

Ziemlich abgefahren ist auch die Litanei an Medikamenten, die ich die nächste Zeit einwerfen muss.

Morgens schon einmal drei Pillen. Magenschutz, Nie-renschutz und ein Herpes-Virenschutz. Abends dann noch einmal das Herpes-Virenschutz-Smartie. Mon-tag, Mittwoch und Freitag zusätzlich noch eine Art Antibiotikum.

Für jemanden wie mich ist das schon eine ziemliche Umstellung, denn normalerweise nehme ich nie Tab-letten. Nicht mal eine Aspirin oder so etwas. „Wenn ich lange genug warte, dann wird das schon wieder weggehen", so meine bisherige Denkweise.

Aber gut, was will man machen. Hilft ja nix, also im-mer rein mit dem Zeug.

Der Blick aus dem Fenster.

Auf der falschen Seite des Lebens.

Das einzige, was mich von der richtigen Seite des Lebens trennt, ist die Krankenhausmauer.

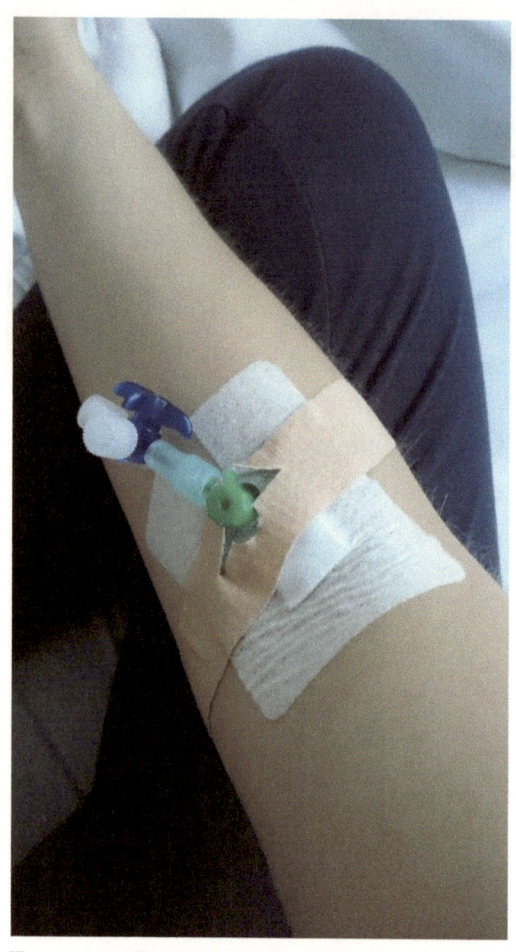

Der erste Zugang meines Lebens.

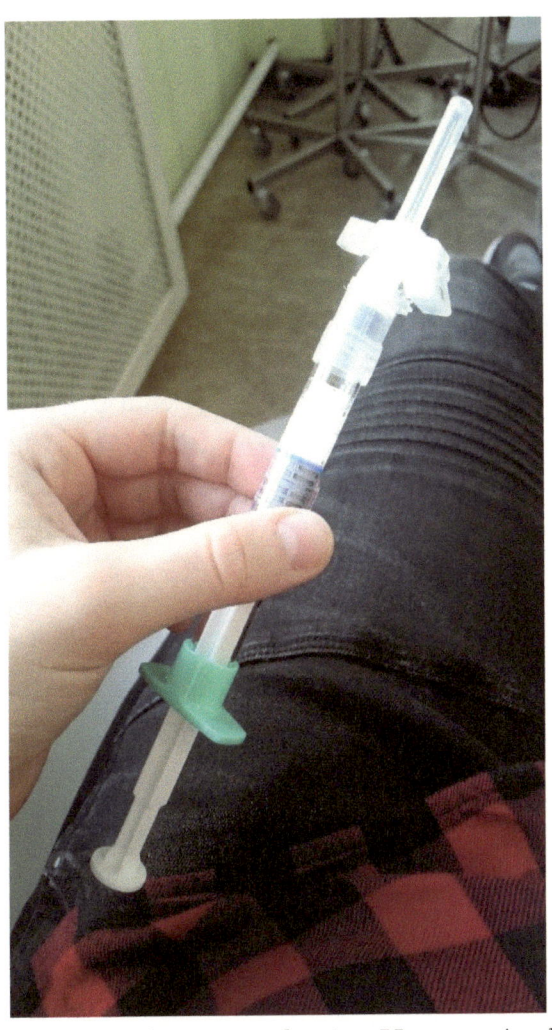

Die Gonadotropin-releasing-Hormon-Analoga-Spritze. Vielleicht sollte ich sie der Einfachheit halber lieber nur Goni nennen.

Krankenhauskost. An frischem Gemüse wurde hier nicht gespart.

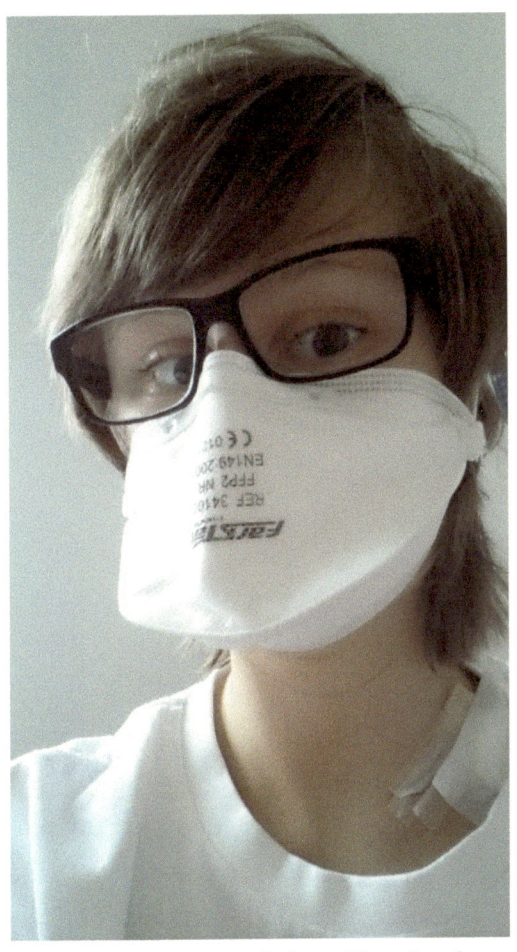

Ein Spaziergang auf dem Krankenhausflur natürlich immer nur mit Mundschutz.

Oder andere Bildunterschrift: Das Duckface -
neu interpretiert ...

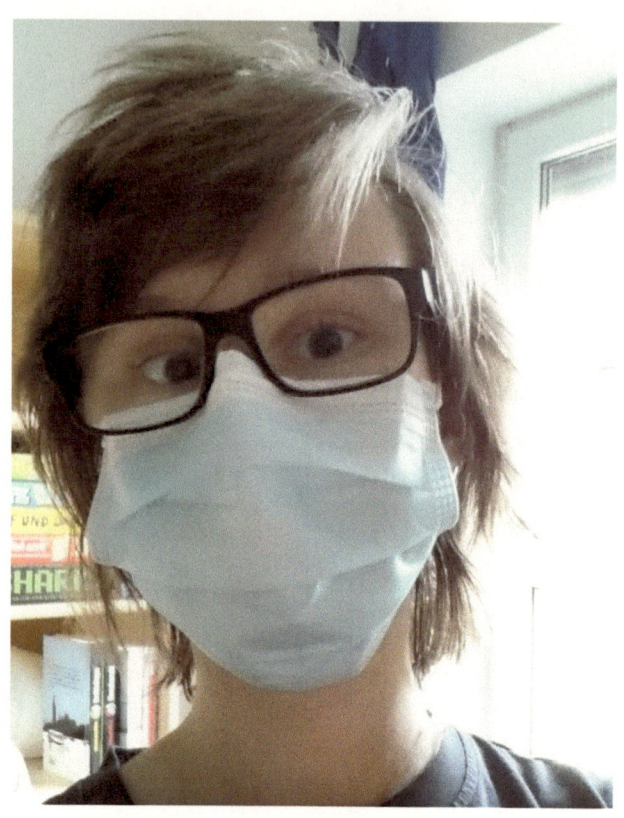

... und überhaupt bin ich der Meinung, dass ich definitiv ein Mundschutz-Gesicht habe. Dadurch kommen meine Augen so schön zur Geltung.

Hier zu sehen: eine ganz billige Kopie von „Ich bin dein Vater". Allerdings belüftet diese Variante die Lunge eindeutig besser.

Das ist der Schlauch, an dem meine neue Handtasche an meinem Hals befestigt wurde.
Die Begeisterung darüber steht mir ins Gesicht
geschrieben.

Meine Blume von den Klinikclowns.
Voll schön, oder?!

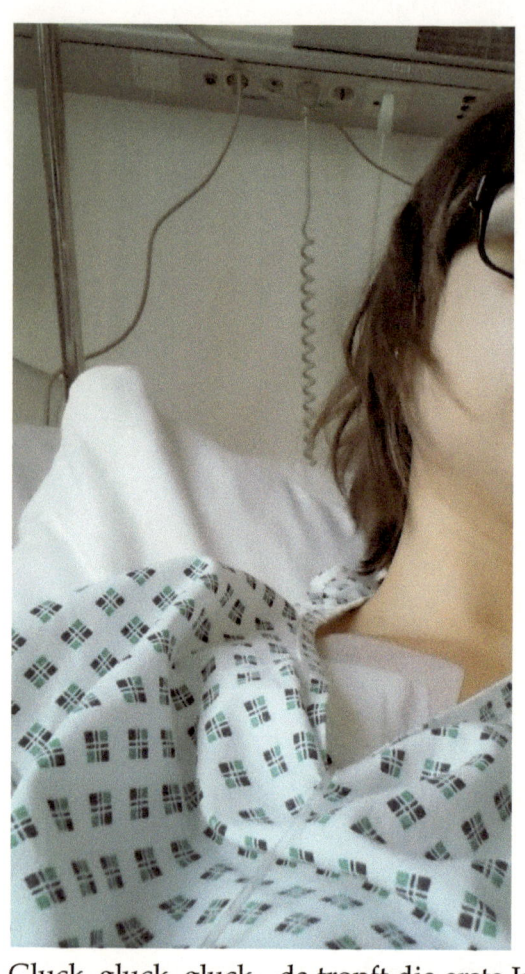

Gluck, gluck, gluck - da tropft die erste Immuntherapie über den Port in meinen Körper.

Tag 11. Entlassung. Jetzt kann mich auch keine Baustelle mehr aufhalten.

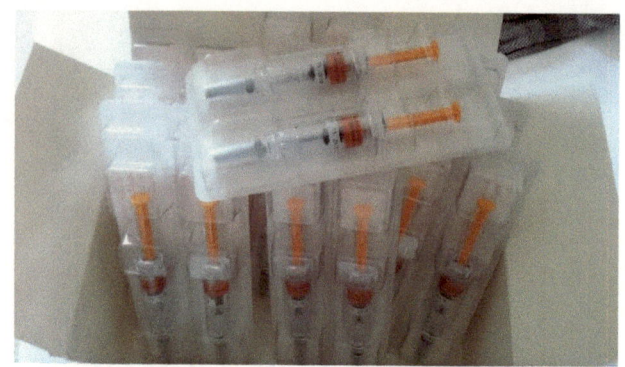

Den orangenen Schuss setze ich mir als Früh-
schoppen und als Shot zur Nacht.

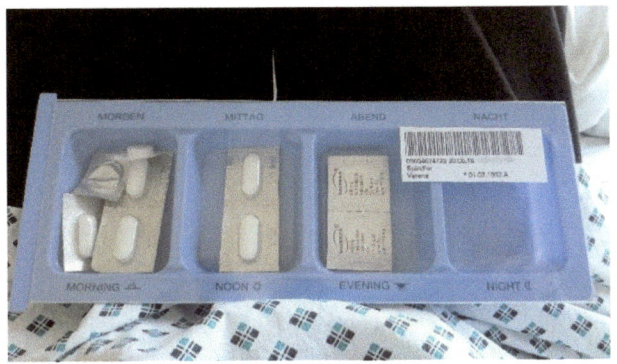

Snackbox.

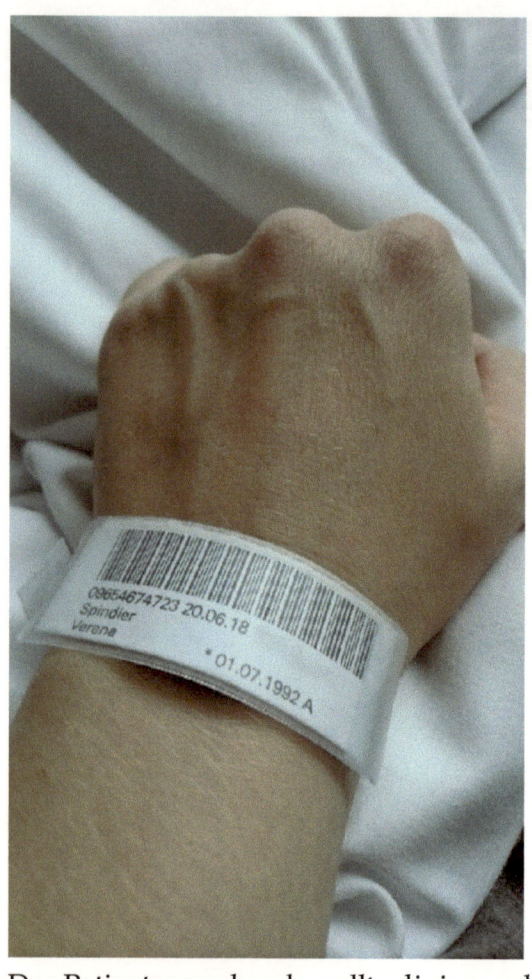

Das Patientenarmband – sollte dir jemand etwas von „all inclusive" erzählen, lass dich davon ja nicht blenden.

# Teil II

# 1. Juli 2018 – Geburtstag

Geburtstag. Ich habe Geburtstag. Äh, wirklich? Zur Sicherheit google ich das heutige Datum. Tatsächlich. Heute ist der erste Juli. Fühlt sich nämlich nicht so an. Nicht nach Geburtstag. Irgendwie komisch.

Naja, Hauptsache es gibt Geschenke.

Doch das Anstoßen fällt weg. Alkohol darf ich zwar schon trinken, aber das muss ja nicht sein, wenn ich am Vortag erst aus dem Krankenhaus entlassen wurde. Außerdem hat mein Körper gerade auch wichtigere Aufgaben zu erledigen, als Alkohol abzubauen. Soll der sich mal lieber mit dem Nivolumab beschäftigen, damit hat er genug zu tun.

Wobei so ein kleines Gläschen Champagner? Oder Wein? Oder Bier? Erdbeerbowle wäre auch was Feines. Oder doch ein Schnaps?

Ich könnte mich gar nicht entscheiden. Dann lass ich es lieber gleich sein und gönne mir eine heiße Schokolade. Schokolade ist immer gut.

Den restlichen Tag lasse ich eher ruhig angehen. Nachmittags mache ich mit meinen Eltern einen kleinen Waldspaziergang. Durch das tagelange Liegen und die fehlende Bewegung bin ich doch etwas geschwächt. Deswegen genügen mir auch schon ein paar Minuten. Man soll es ja nicht übertreiben. Die

Sonne und die frische Luft fühlen sich gut an und bringen meinen Kreislauf auch ein wenig in Schwung.

Daher mache ich das auch die folgenden Tage. Spazieren gehen. Sport ist momentan noch nicht möglich. Die Narbe am Hals macht so gut wie gar keine Probleme, aber die Portnarbe zwickt doch noch. Zwei Tage nach der Implantation habe ich meinen rechten Arm überhaupt nicht bewegt und auch danach nur, wenn es unbedingt sein musste. Ich bin schließlich ein kleiner Schisser und gehe grundsätzlich gerne auf Nummer sicher.

Das sieht insbesondere dann sehr interessant aus, wenn ich mich an- oder ausziehe. Mach das mal mit nur einem Arm. Da hast du keine Freude dran.

Durch meine neue Schonhaltung schmerzt mir jetzt zusätzlich auch meine Schulter. Und von der Knochenmarkentnahme tut mir auch noch meine Hinterpartie weh.

Aber ich möchte nicht jammern. Das ist immerhin kein Dauerzustand und so kann es wenigstens nur noch besser werden.

## 6. Juli 2018 – Was mache ich hier eigentlich?

So. Genug Luft in Freiheit geschnappt. Heute habe ich meinen ersten Termin in der Tagesklinik.

Die Onkologie der Krankenhausstation ist für mich nun nicht mehr zuständig, da ich meine Therapie ambulant in der Tagesklinik absolvieren kann und dafür nicht jedes Mal stationär ins Krankenhaus muss. Ich bekomme meinen Cocktail quasi ganz easy in die Vene über den Port geschossen und kann nach den paar Stunden gleich wieder heim.

Klingt zunächst ziemlich bequem.

Allerdings ist in der Tagesklinik natürlich auch alles erst einmal wieder komplett neu. Ich weiß nicht, was auf mich zukommen und was mich erwarten wird.

Die Ärzte und Schwestern auf der Station kannte ich mittlerweile und ich hatte mich auch sehr wohl gefühlt. Man könnte fast behaupten, ich hätte mich erfolgreich eingelebt.

Und jetzt wieder etwas Neues.

Abwechslung ist zwar ganz nett, aber Veränderungen sind grundsätzlich nicht so meins. Schließlich bin ich vom Sternzeichen her Krebs. Und die bewegen sich gerne in ihrem gewohnten Umfeld.

Dementsprechend habe ich auch nicht die beste Nacht hinter mir. So etwas macht man ja auch nicht jeden Tag.

Immerhin geht es nur um die Kontrolle meiner Blut-werte. Also Nadel rein, Blut raus und wieder heim-fahren. Eigentlich kein großer Act. Eigentlich.

Ein kleines bisschen mulmig war mir natürlich trotz-dem zumute.

Und, als hätte ich es geahnt, schlimmer hätte der Ein-stieg gar nicht sein können.

Ich komme also in jenen Raum der Tagesklinik hin-ein, in dem ich künftig meine Immuntherapie und später die Chemotherapie bekommen soll.

Diesen Raum kann man sich als ein sehr großes Zim-mer vorstellen, in dem ungefähr 15 Patienten Platz finden. Fein säuberlich aufgereiht sitzt ein Patient ne-ben dem nächsten und konsumiert seine Drinks intra-venös.

Es sind alle Stühle belegt. Die Patienten sind alle un-gefähr mindestens 40 Jahre älter als ich und einige schauen auch nicht sehr gesund aus. Milde ausge-drückt.

Das ist im ersten Moment ein eher verstörender An-blick für mich. Ziemlich. Ziemlich sehr.

Hinzu kommt noch der Geruch von Desinfektions-mittel, der in der Luft liegt.

Das wäre auch alles nicht so tragisch, würde ich dort gerade ein Praktikum machen oder mich nur mal kurz umschauen wollen.

Aber wenn ich mir vorstelle, dass in genau einer Woche ich hier liegen werde, vergeht es mir.

Kaum richtig drin, hab´ ich direkt jetzt schon keinen Bock mehr.

Das denkt sich wohl auch mein gesamter Körper, denn beim Blut abnehmen fängt er an zu streiken, nach zwei Röhrchen geht nichts mehr. Dann nehmen wir eben den rechten Arm. Auch dort ist aber nach ein paar Tropfen Schluss. Also gehen wir doch wieder auf den linken Arm zurück. Gut, dass ich so viele Venen habe. Aber – oh Wunder – auch dort ist Schicht im Schacht. Mein Blut möchte bei mir bleiben, während mein Kreislauf bereits schon wieder dabei ist, sich vom Acker zu machen. Die feige Sau.

Alles in mir ist auf Flucht gepolt.

Schluss. Aus. Dreimal stechen genügt. Das macht keinen Sinn mehr. Zu der Erkenntnis kommt die Ärztin ebenfalls.

Mal wieder schreit alles in mir: „Ich will hier weg!", und zwar sehr laut und sehr deutlich.

Die Gesamtsituation ist einfach furchtbar.

Da ist eine Gruppe von Menschen, zu der ich mich selbst absolut nicht zugehörig fühle.

Da sind vorwiegend ältere Menschen. Ich bin nicht alt.

Da sind Menschen, die nicht fit aussehen. Ich bin fit.

Und da sind vor allem Menschen, die schwer krank

sind. Ich will aber nicht schwer krank sein.

Für heute reicht es mir. Wir fahren nach Hause. Es regnet. Das Wetter passt optimal zu meiner Stimmung. Der Tag hat mir wirklich einen Dämpfer gegeben.

Rückblickend kann ich sagen, dass das mein tiefster Punkt war, abgesehen von dem Tag der Diagnose und der Anfangsphase im Krankenhaus. Ich wusste nicht, womit in den nächsten Wochen zu rechnen ist. Alles in der Tagesklinik war neu. Der erste Eindruck dort war furchtbar. Und außerdem hatte ich mich noch nicht an die neue Situation gewöhnt. Klar ist es super, aus dem Krankenhaus entlassen zu werden und heimkommen zu können. Doch dann fühlte ich mich erst einmal verloren, mit der Gesamtsituation überfordert und wusste nicht, wo mir der Kopf steht. In mein altes Leben konnte ich nicht mehr zurück. Das gab es in der Form übrigens auch gar nicht mehr. Um was muss ich mich alles kümmern? Welche Medikamente brauche ich und wann muss ich mir wieder ein neues Rezept geben lassen? Wie funktioniert das mit der Krankenkasse? Welche Anträge muss ich wann stellen und welch sonstiger behördlicher Kram steht an? Wie ist das mit Krankengeld? Kann ich damit meine Miete und Fixkosten decken? Was muss ich noch alles beachten?

Fragen über Fragen. Viele Kleinigkeiten, die anzuge-
hen sind.

Abgesehen davon, habe ich ja immer noch Krebs und
möchte mich im Grunde nur primär darauf konzentrieren, wieder gesund zu werden.

Das ist halt einfach nichts für Weicheier, diese Krankheit.

# 12. Juli 2018 – Eine Portion Motivation zum Mitnehmen

In der Zwischenzeit habe ich mich psychisch wieder gefangen. Das ging nach dem ersten Besuch in der Tagesklinik auch wieder recht schnell. Der erste Eindruck war eben nicht so super, aber es hilft ja nichts. So kann es wenigstens nur noch besser werden.

Heute steht dort wieder eine Blutabnahme auf dem Programm.

Und die klappt auch sogar auf Anhieb. Also eigentlich wieder wie gewohnt. Das ist doch schon wieder einmal beruhigend.

Der Raum als solches ist in den wenigen Tagen zwar nicht fröhlicher geworden, aber was soll´s, ich sehe mir hier schließlich gerade nicht meine zukünftige Wohnung an. Auch muss ich in so einer tristen Umgebung nicht arbeiten.

Wenn meine Blutwerte gut genug sind, gibt es hier morgen schon den ersten Punsch der Immuntherapie. Man könnte nicht behaupten, dass ich den morgigen Tag in freudiger Erwartung entgegensehne. Entspannung sieht für mich anders aus. Außerdem mache ich mir so meine Gedanken, wie das denn diesmal mit der Verträglichkeit aussieht. Auf eine kleine Zwischenreaktion wie es beim ersten Mal im Krankenhaus der Fall war, habe ich eher weniger Lust.

Zur Ablenkung werde ich mir meinen Ipod und ein gutes Buch mitnehmen. Dann bekomme ich von dem ganzen Drumherum auch nicht allzu viel mit.

Um es mir über die nächsten Wochen und Monate hinweg insgesamt einfacher zu machen und um mich in der eher trostlosen Umgebung der Tagesklinik besser zu fühlen, habe ich mir über die verschiedensten Dinge Gedanken gemacht, wie es mir gelingen kann, mich psychisch und mental zu stärken. Denn ich bin der festen Überzeugung, dass der Glaube an sich selbst und ein Grundvertrauen in sich selbst der Schlüssel zu einer gefestigten psychischen Basis sind. Außerdem kann ich mir selbst nur dann helfen, wenn ich mich selbst gut genug kenne.

Ich verbringe mittlerweile immerhin schon lange genug Zeit mit mir und weiß daher, dass ich dazu keine Motivation von außen brauche.

Ich will, dass es mir gut geht.

Das ist mein oberstes Ziel und das zu erreichen, ist für mich Motivation genug.

Als ich zum ersten Mal die Tagesklinik betreten habe und die Patienten dort sah, fühlte ich mich absolut fehl am Platz. Nicht nur, dass die anderen deutlich älter als ich waren und teils auch sehr krank aussahen, ich hatte einfach von Anfang an das Gefühl, hier nicht dazugehören zu wollen.

Und im Grunde muss ich das ja auch nicht. Ich will und ich muss mich dieser Gruppe nicht zugehörig fühlen. Ich gehöre da nicht dazu. Ich bin nicht die. Ich bin ich.

Ich bin kein Patient. Ich fühle mich nämlich nicht als Patientin. Das Wort „Patient" verbinde ich in erster Linie mit dem Wort „krank". Also natürlich bin ich in gewisser Weise sehr wohl dort Patientin und ich weiß sehr wohl, dass ich derzeit krank bin, aber deswegen muss ich mich nicht als solches bezeichnen. Besonders krank fühle ich mich sowieso nicht. Also gehe ich dorthin nicht als Patientin, sondern als Ich. Als Verena.

Andere Betroffene geben ihrem Tumor einen Namen. Aber wozu? Für mich ist das nichts. Ich möchte zu meinem Krebsgeschwür keinen näheren emotionalen Bezug aufbauen. Alles raus, was keine Miete zahlt. Dementsprechend hat der Tumor bei mir auch nichts zu melden, die Chefin bin hier schließlich immer noch ich. Das bedeutet auch, dass sich eventuell auftretende Nebenwirkungen hinten anzustellen haben.

Was, wie, wann und warum etwas passiert, das entscheide ich.

Klar kann ich gewisse Dinge trotzdem nicht beeinflussen, aber solange ich von meinen eigenen Fähigkeiten und Stärken überzeugt bin und an mich selbst glaube, müssen da schon mehr als ein paar entartete

Zellen kommen, um dieses Fundament zum Einsturz zu bringen.

Deswegen habe ich auch sämtliche negativen Gedanken und sinnlose Fragen in Form von „warum ich?" direkt vom ersten Tag an nicht zugelassen. Beziehungsweise hatte ich da auch einfach keinen Bock drauf. Warum sollte ich meine Energie dafür verschwenden. Für Fragen, auf die es keine Antworten gibt. Für Gedanken, die einen nur herunterziehen.

Was die Therapie angeht, habe ich keine Alternative. Vielleicht ist mein Körper gerade ein wenig im Arsch, aber deswegen muss ich mir selbst nicht noch aktiv die Psyche ruinieren.

Denn in diesem Punkt habe ich sehr wohl eine Wahl. Jeden Morgen kann ich mir aussuchen, ob ich lieber gut gelaunt oder schlecht gelaunt in den Tag starten möchte.

# 13. Juli 2018 – Freitag, der 13. - ein guter Tag

Rein vom Datum her muss man sagen, ich hätte es nicht besser machen können. Der 13. Juli ist ein Freitag. Freitag, der 13. Uuh.

Entgegen jedem Klischee kann ich jedoch schon einmal so viel verraten: Es ging gut.

Naja, jetzt ist die Spannung weg. Tut mir leid. Aber zu viel hoch und runter ist fürs Herz auch nicht gut.

Immerhin hatte ich wieder einen Puls von 90 und war auch alles, aber definitiv nicht entspannt, als es darum ging, die Nadel in den Port zu stechen.

Aber das aus gutem Grund, genauer gesagt sogar aus zwei guten Gründen: den Port, die Narbe und alles, was da noch mit dranhängt, habe ich selbst noch gar nicht gesehen. Der wurde mir bekanntermaßen vor etwa zwei Wochen eingepflanzt und danach alles schön mit Pflastern umklebt. Dass es mir einzig und allein schon bei dem Anblick den Kreislauf zusammenhauen würde, darauf habe ich mich schon eingestellt.

Das ist bei mir immer so, wenn da irgendetwas Neues, Ungewohntes an meinem Körper ist.

Ob das jetzt eine frische Narbe oder ein frisch gestochenes Tattoo ist, spielt dabei keine Rolle. Jawohl, auch bei einem Tattoo ist das der Fall, obwohl ich mich dazu gewiss aus freien Stücken entschieden habe. Was man von der Portnarbe nicht behaupten kann. Ich denke, da gibt es durchaus hübschere Accessoires. Wobei die Narbe am Hals von der Lymphknoten-OP eigentlich ganz cool ausschaut. Ich finde, sie ergänzt meinen Style ziemlich gut.

Lange Rede, kurzer Sinn. Beim Anblick, beim Luft dran lassen und beim mit Wasser abspülen, werde ich jedes Mal weiß wie die Wand und es pfeift in den Ohren.

Das klingt jetzt sehr nach Weichei. Das ist mir absolut bewusst. Aber was will ich machen, so einen Kreislauf kann man auch nicht so leicht umtauschen.

Der zweite Grund ist der, dass da gerade jemand zum ersten Mal daran rumfummelt, ohne dass die Stelle ausreichend betäubt ist.

Also gut, das war mir schon klar, dass die mich vorher nicht extra unter Vollnarkose setzen. Aber ich weiß ja nicht, wie sich das anfühlt, wenn die Nadel durch meine Haut in den Port gestochen wird.

Zwar hatte ich mir im Vorfeld Informationen eingeholt, dass das Nadelsetzen nicht mehr wehtun würde als es beim Blut abnehmen in der Armvene der Fall ist, aber wer weiß, wem man heutzutage noch trauen kann …

Und im Zweifel bin ich erst einmal ein kleiner Angsthase.

Also sitze ich hier klatschnass geschwitzt und ohne Kreislauf auf diesem unbequemen Stuhl-Liegen-Mix, von dem mir schon der Rücken weh tut und warte auf mein Schicksal.

Zack, Nadel ist drin.

Was? So schnell geht das? Ok, hat echt nicht wehgetan.

Die ganze Aufregung umsonst. Und, ach guck, ja wer kommt denn da?! Mein Kreislauf! Schön, dich wieder zu sehen.

Für den Rest des Tages ist er dann auch schön brav bei mir geblieben, die Infusion tropfte so vor sich hin hindurch. Ohne Komplikationen. So ist mir das am liebsten.

Der erste Zyklus der Immuntherapie ist geschafft.

## 27. Juli 2018 – Meine Leber ist eine kleine Diva...

Heute sollte der zweite Zyklus meiner Immuntherapie starten. Sollte. Musste aber leider verschoben werden. Nach über zweistündigem Warten auf die Ergebnisse der Blutabnahme, stellte sich heraus, dass mein Leberwert zu schlecht ist und die Infusion nicht gegeben werden kann. Bereits zuvor waren meine Leberwerte aufgrund des Antikörpers Nivolumab nicht gerade zum Angeben, aber jetzt war mein Organ wohl doch ein bisschen zu sehr beleidigt.

Ich dann aber allerdings auch, denn ich konnte unverrichteter Dinge wieder heimfahren, die Gabe musste verschoben werden.

Nervig. Da freut man sich, zu dem großen Ziel wieder ein kleines Schrittchen näher vorzudringen und dann kommt es zu einer Verzögerung.

Bis ich zu Hause war, hatte sich meine schlechte Stimmung aber glücklicherweise wieder so gut wie gelegt. Kann man eben alles nicht ändern, vielleicht klappt es beim nächsten Termin besser.

# 31. Juli 2018 – Neue Runde, neues Glück

So. Am heutigen Tag startet nun der zweite Anlauf für Zyklus 2 der Immuntherapie.

Zunächst steht wieder das unerträgliche Warten auf die Blutwerte auf dem Programm.

Werden die Leberwerte dieses Mal passen? Und wenn ja, was ist mit den anderen Werten? Kann der Antikörper gegeben werden? Oder nicht?

Nach der kleinen Enttäuschung vor vier Tagen bin ich doch etwas vorsichtig geworden.

Doch dann, nach gut zwei Stunden, die erlösende Antwort: meine Leber, die kleine Diva, hat sich wohl beruhigt. Alle Werte sind in Ordnung, der Stoff darf laufen.

Yes!

Da wollte sich die Kleine anscheinend nur einmal in den Vordergrund stellen.

Jedenfalls bin ich erleichtert, dass das heute funktioniert hat und nun auch hoffentlich wieder im gewohnten Zwei-Wochen-Rhythmus so weiter gehen kann.

Nach der Immuntherapie geht es mir immer wie gewohnt gut. Durch das frühe Aufstehen und das lange Sitzen in der Tagesklinik auf diesen unbequemen Liegen bin ich allerdings etwas müde. Daher lasse ich den Tag, wenn ich wieder zu Hause angekommen bin, eher ruhiger angehen und gönne mir Ruhe.

Optisch weise ich die ersten ein, zwei Tage danach eine Blässe auf, aber es ist gleichwohl noch nicht allzu lange her, da galt dies als sehr vornehm und adlig.

So gesehen vertrage ich die Antikörpertherapie also ziemlich gut, ohne große unerwünschte Nebenwirkungen.

# 14. August 2018 – ...und mein Herz hat ADHS

Soweit geht es mir gut, ich fühle mich fit, kann Sport machen und mein Blut ist auch in guter Stimmung.
Klingt, als hätte ich 'nen Lauf.
Und dann kam mein Herz.

Heute gab es die alleinige Immuntherapie zum vierten und letzten Mal. Was auch alles reibungslos verlief. Zyklus zwei ist somit beendet. Ab Zyklus Nummer drei geht es dann mit der eigentlichen Chemotherapie los. Insgesamt vier Zyklen, das bedeutet acht Chemo-Sitzungen, die ersten vier davon zusätzlich noch mit dem bekannten Antikörper Nivolumab.

Da ich meine Therapie im Rahmen einer klinischen Studie bekomme, erfolgt nach der Immuntherapie noch eine kleine, körperliche Untersuchung. Abhören, Abtasten, ein kleiner Fragenkatalog. Nichts Wildes.
Dieses Mal war allerdings mein Herz ein bisschen eingeschnappt, es fühlte sich höchstwahrscheinlich nicht genug beachtet in letzter Zeit.
Es hatte wohl das mit der Leber mitbekommen und meinte, es muss jetzt auch unbedingt ein wenig auf

sich aufmerksam machen.

Dies tat es dann, indem es ein paar extra Schläge von sich gab. Aber nur im Sitzen, liegend hörte sich alles normal und gut an.

Gewissermaßen so ´ne Art Herzrhythmusstörung für Anfänger.

Deswegen wurde nach langem Überlegen noch ein EKG gemacht, anschließend ein Kardiologe befragt und mir zu guter Letzt noch Blut abgenommen, um die Herzenzyme zu checken.

Am Ende stand fest: alles nicht so schlimm, ich kann nach Hause. Aber man sollte das weiter beobachten und man wird mich demnächst in die Kardiologie schicken, um ein Herzecho anzuordnen.

Ich war froh, als ich endlich gehen durfte. War mir dann auch lange genug der Tag. Da freut man sich schon, dass man um drei Uhr die Nadel von der Infusion draußen hat (was andererseits allerdings auch schon einen Aufenthalt von sieben Stunden mit sich bringt), muss wegen seinen zickigen Organen trotzdem doch noch bis nach sechs Uhr in der Tagesklinik bleiben.

Immerhin ist am späten Nachmittag die Atmosphäre angenehm, weil nur noch wenige Patienten anwesend sind und nicht mehr so ein Trubel und so eine Hektik herrschen.

Kaffee und Kuchen wird jedoch nicht gereicht, also

mache ich mich mal lieber auf den Weg nach Hause.

## 21. August 2018 – Ein bisschen verstrahlt oder: Fotoshooting in der Nuklearmedizin

Nachdem die beiden ersten Zyklen, also die alleinige Gabe der Immuntherapie beendet sind, ist es nun an der Zeit, nachzugucken, was das Ganze bisher gebracht hat.

Zeit für ein Zwischenfazit sozusagen.

Dafür gibt es eine recht umfangreiche Untersuchung. Nennt sich PET-CT. Positronen-Emissions-Tomografie mit Computertomografie. Das klingt auf jeden Fall schon einmal wichtig.

Der Sinn und Zweck der Sache ist es, Stoffwechselprozesse im Körper bildlich darzustellen und die Intensität biochemischer Prozesse zu messen. Vereinfacht ausgedrückt lässt sich auf diesen Aufnahmen die Stoffwechselaktivität des Tumors beurteilen.

Bevor das PET-CT beginnt, wird dem Patienten über einen Zugang im Arm eine radioaktive Substanz in die Vene gespritzt. Dieser Stoff wird vor allem von den Zellen im Körper aufgenommen und angereichert, welche einen hohen Stoffwechselumfang aufweisen. Dazu gehören überwiegend die Tumorzellen. Das mit der Radioaktivität hört sich zunächst nicht sehr berauschend an … eher verstrahlt (kleines Wortspiel am Rande) … ist aber kein allzu großes Problem, denn die gespritzte Menge dieser Substanz ist so gering, dass mir dadurch keine Schäden entstehen, auch kommt es zu keiner Strahlenbelastung für andere Personen, die sich in meiner Nähe aufhalten.

Eingeplant ist diese Untersuchung für drei bis vier Stunden.

Holla, die Waldfee. Vier Stunden für ein Bild. Naja, das ist hier wohl ein ganz spezielles Fotoshooting.

Ein weiterer kleiner Nachteil ist, dass ich dafür nüchtern sein muss und sechs Stunden davor nichts mehr gegessen haben darf. Da ich den Termin um 14 Uhr habe, stelle ich mir also den Wecker für halb acht. Zum Frühstücken. Nachdem ich richtig schön reingehauen habe – es muss ja schließlich lange anhalten – werfe ich noch meine Tabletten ein und schlafe wieder weiter.


In der Nuklearmedizin angekommen, muss ich erst einige Zettel ausfüllen: Patientenangaben, Aufklärungsbogen und anschließend warten.

Als ich aufgerufen werde, bekomme ich den Zugang gelegt. Hachja, mal wieder eine Nadel im Arm. Das hatte ich doch schon lange nicht mehr. Dieses Mal sogar in stylisch Pink. Nach weiterem kurzem Warten geht es auch schon los. Nicht die Untersuchung, aber das Prozedere davor.

Ich werde in einen Raum mit drei Liegen geführt. Anders als in der Tagesklinik ist man hier von dem nebenan Liegenden durch einen Raumteiler abgetrennt. Das ist angenehm, so habe ich meine Ruhe. Und das ist wohl auch die Idee dahinter, in der Zeit vor dem PET-CT soll ich mich nämlich ruhig verhalten. Um den Gemütlichkeitsfaktor noch zu erhöhen, bekomme ich eine Decke. Die soll zudem auch verhindern, dass mir kalt wird. Und – so hat es mir der Arzt erklärt – es gibt im Bereich des Schlüsselbeins braunes Fettgewebe, welches auf den Bildern sichtbar wird, wenn ich frieren würde. Das wäre insofern ungünstig, da sich schlecht unterscheiden ließe, ob das nun das Fettgewebe ist oder befallene Lymphknoten. Zusätzlich zu der Decke gibt es auch noch einen Drink. Kontrastmittel. Einen Liter. Alle zehn Minuten soll ich davon einen Becher trinken. Also an und für sich schön eingeteilt über eine Stunde. Nicht exen. Aber den Fehler hätte ich ohnehin kein zweites Mal gemacht. Auch ich bin lernfähig.

Doch bevor die Trinkerei losgeht, wird mir der radioaktive Zucker gespritzt. Vorab gibt es ein harntreibendes Mittel intravenös, damit das verstrahlte Zeug relativ zügig wieder ausgeschieden wird. Dann kommt die eigentliche Spritze. Ebenfalls über den Zugang im Arm wird mir der radioaktive Stoff gespritzt. Der übrigens auch wieder total unscheinbar daher kommt. Durchsichtig. Richtig unspektakulär. Knallgrün hätte eindeutig mehr hergemacht.

In den nächsten 20 Minuten soll ich mich am besten überhaupt nicht bewegen, sodass die Muskeln möglichst wenig von der Substanz aufnehmen. Nach den 20 Minuten soll ich mit dem Trinken des Kontrastmittels beginnen.

Das mache ich auch brav. Der Liter wird weniger, meine Blase wird voller. Und dann bin ich auch schon dran.

„Gehen Sie vorher noch auf die Toilette, dann in Kabine 2, Schuhe, Hose, BH, Brille ausziehen, kein Metall mehr am Körper."

Aye, aye, Käpt′n.

Ich tue wie mir befohlen und dann kann die Untersuchung auch schon starten. Der Ablauf unterscheidet sich nicht wesentlich von einem normalen CT, ist grundsätzlich auch dasselbe Gerät. Nur dauert ein PET-CT länger. Denn im ersten Schritt erfolgt die Computertomografie, währenddessen bekomme ich wieder das Kontrastmittel gespritzt, bei dem es überall kurz schön warm wird. Im zweiten Schritt findet die Positronen-Emissions-Tomografie statt. Dazu werde ich alle paar Minuten ein Stückchen weiter in die Röhre geschoben. Insgesamt sechsmal. Wenn ich mich nicht verzählt habe.

Nach ungefähr einer halben Stunde ist alles vorbei.

An und für sich ist so ein PET-CT ganz gechillt, weil im Liegen, und von Untersuchungen im Liegen bin ich sowieso total der Fan. Wäre da nur eben nicht diese aufwendige Vorbereitung.

Aber gut, für heute bin ich fertig. Zu beachten habe ich nichts Besonderes, ich soll mich für den Rest des Tages ausruhen und viel trinken. Die CD mit den Bildern erhalte ich per Post und die Besprechung der Ergebnisse geschieht bei meinem nächsten Termin in der Tagesklinik, bei dem ich das erste Mal die Chemotherapie bekommen werde.

Wenige Tage später habe ich Post vom Klinikum rechts der Isar. Die CD vom PET-CT ist da. Ich kenne mich damit zwar überhaupt nicht aus, aber spaßeshalber schaue ich es mir einmal an. Als Laie kann ich nur feststellen, dass dort nirgendwo etwas leuchtet. Das wäre der Fall, wenn aktive Krebszellen vorhanden sind. Da die radioaktive Substanz von diesen Zellen hauptsächlich aufgenommen wird, leuchtet es an der Stelle, an dem sich der Tumor befindet. Auch sonst habe ich beim Betrachten der Aufnahme den Eindruck, lange nicht mehr so viel von meiner linken Lunge gesehen zu haben.

Es gibt sie also doch noch. Schön.

Trotzdem bin ich natürlich sehr gespannt, was bei der Besprechung nächste Woche herauskommt und was ein Fachmann zu den Bildern sagt.

# 28. August 2018 – Die erste Chemo-Cocktail-party

Heute wird es ernst.

Denn heute startet der erste Zyklus der Chemotherapie. Zusätzlich zum Nivo kommt jetzt noch das AVD dazu. Adriamycin, auch Doxorubicin genannt, Vinblastin und Dacarbazin. Oder wie ich zu sagen pflege: Aperol Spritz (das Doxo sieht nämlich exakt so aus), Vinoblastin und Dacarba-Gin. Wir sind hier schließlich auf einer Cocktailparty.

Bevor diese aber so richtig losgehen kann, mache ich noch kurz einen Abstecher in das Hauptgebäude des rechts der Isar. In die Kardiologie. Da mein Herz die Tage zuvor etwas aufmüpfig gewesen ist, soll sich das Ganze mit einem Herzultraschall angeschaut werden. Für mich ist das nichts Neues, in der Zeit meines stationären Aufenthalts hatte ich bereits eine Echokardiographie. Damals sah mein Herz wunderbar aus, so wie es eben aussehen sollte.

Ich hoffe, das ist dieses Mal auch der Fall. Ein Problemherz ist gerade das Letzte, was mir noch gefehlt hat.

Nach kurzem Warten komme ich an die Reihe.

Die Untersuchung selbst dauert nicht lange und das Ergebnis gibt es auch sofort:

„Sieht alles gut aus."

Puh. Das freut mich.

Da wollte mein Herz wohl einen auf hochnäsig und eingebildet machen und einfach nur ein paar Komplimente von außen hören, wie toll es doch sei.

Gut, das hat es jetzt bekommen. Dann können wir ja weiter machen mit dem Programm.

In der Tagesklinik gegenüber angekommen, wird mir wie gewohnt zuvor erst Blut abgenommen, anschließend nehme ich auf meiner Liege Platz und warte.

Bin ich aufgeregt oder nervös?

Nö, eigentlich nicht. Ich hatte immerhin recht lange Zeit, mich auf diesen Moment vorzubereiten. Wobei wirklich vorbereiten kann ich mich darauf auch nicht, außer meinen geladenen Ipod dabei zu haben und ein gutes Buch mitzunehmen.

Ein wenig komisch ist es natürlich. Weil das heute das erste Mal ist und so eine Chemotherapie macht man ja auch nicht alle Tage. Außerdem habe ich die Reaktion auf die Immuntherapie noch im Hinterkopf, als sich mein Immunsystem erschreckt hat. Ich erwarte schon, dass es inzwischen etwas selbstbewusster und weniger schreckhaft geworden ist.

Nichtsdestotrotz habe ich auf all das sowieso keinen Einfluss und ich denke mir: „Je eher es beginnt, umso schneller ist es auch wieder vorbei."

Und dann kommen meine Drinks auch schon.

Sie schauen an und für sich ganz cool aus. Das Vinblastin kommt eher unscheinbar daher, es ist genauso wie das Nivo durchsichtig. Das Dacarbazin ist lichtempfindlich und befindet sich in einem lichtgeschützten grünen Beutel. Das Doxorubicin ist orange-rot, eben wie Aperol Spritz. Sieht direkt appetitlich aus und für einen kurzen Augenblick bin ich geneigt zu fragen, ob ich mir davon später noch einen Beutel To-Go mitnehmen darf … so mit Strohhalm …

Jetzt geht es auch schon los, das erste Chemo-Medikament läuft in meinen Körper.

Na dann mal Prost.

Ich lehne mich entspannt zurück und stecke mir die Stöpsel von meinem Ipod in die Ohren. Lange habe ich zuvor überlegt, welches Lied sich wohl am besten für diesen Zeitpunkt eignet.

„Killing me softly" beispielsweise erschien mir irgendwie unpassend … „Staying alive" war mir zu plakativ … und „I will survive" zu klischeehaft …

Schlussendlich habe ich mich für „War" von Good Charlotte entschieden. Das ist ohnehin die beste Band und der Song ist auch absolut perfekt. Wenn ich meine Augen ganz fest schließe und die Lautstärke etwas aufdrehe, habe ich beinahe das Gefühl, wieder mitten auf dem Konzert zu sein. Vor gut einem Jahr war ich in den ersten Reihen ganz vorne an der Bühne und konnte Benji und Joel aus nächster Nähe zuschauen. „War" wurde damals das erste Mal live vor Publikum gespielt. Alleine deswegen habe ich schon einen besonderen Bezug zu dem Song, und abgesehen davon könnte sich der Text für diesen Anlass und diese Situation auch nicht besser eignen.

*It´s always dark before the light*

Ansonsten bleibt es für den restlichen Tag eher langweilig. Bis meine Cocktails alle durchgelaufen sind, dauert es. Allein das Dacarbazin braucht zwei Stunden, das Nivo eine Stunde, der Rest geht zwar schneller, aber dadurch, dass zwischen den einzelnen Drinks und davor und danach mit Kochsalz nachgespült wird, ist es mittlerweile früher Abend, als ich endlich fertig bin.

Von der Krankenschwester bekomme ich noch zwei verschiedene Mundspülungen und ein Merkblatt mit Verhaltensempfehlungen mit. Oben drauf gibt es noch ein Rezept für Tabletten, die gegen Übelkeit helfen sollen.

Mein Gefühl sagt mir, dass ich die nicht brauchen werde. Aber zumindest ist es gut, sie für den Fall der Fälle im Haus zu haben.

Zu guter Letzt erfolgt noch die Besprechung des Ergebnisses vom PET-CT.

Und das fällt sehr positiv aus. Nirgendwo in meinem Körper gibt es noch einen Hinweis auf vitales Tumorgewebe. Die Immuntherapie hat also super angeschlagen und die Krebszellen schön weggemobbt. Jawoll!

Genauer gesagt, sieht das Ganze nun so aus, dass der betroffene Bereich am Hals lediglich eine geringgradig restliche Stoffwechselaktivität aufweist und eine geringgradig erhöhte Stoffwechselaktivität im Bereich des Mediastinums zu erkennen ist. Zudem ist auch der riesige Tumor auf meiner Lunge durch das Nivo deutlich kleiner geworden.

Beschrieben wird diese Stoffwechselaktivität, die durch das PET-CT sichtbar wird, mit dem Deauville Score. Dieser gibt an, wie viel Aktivität im Lymphomrestgewebe noch vorhanden ist. Unterteilt ist das in fünf Grade, wobei bei Grad eins alles bestens ist und man bei Grad vier oder fünf unter Umständen so bunt leuchtet wie ein Weihnachtsbaum, denn dann wurde die radioaktive Substanz von den vorhandenen Tumorzellen aufgenommen und angereichert. Aktive Krebszellen leuchten somit.

Erfreulicherweise leuchtet bei mir nichts. Im Ergebnisbericht ist am Hals von Deauville Grad 1 die Rede und im Mediastinum von Grad 2-3.

Bereits bei Grad drei kann man von einer Remission sprechen, der Krebs ist also nicht nachzuweisen.

„Das sind ja gute Nachrichten! Aber wenn ich praktisch jetzt schon krebsfrei bin, brauche ich dann die Chemotherapie wirklich noch?", frage ich mit meinem charmantesten Lächeln den Arzt.

„Ja."

Ok. Einen Versuch war es wert.

Natürlich bekomme ich auch eine Erklärung dazu. Es kann nämlich trotz allem sein, dass derzeit doch noch die ein oder andere Krebszelle aktiv ist. Selbst wenn nur noch eine einzige Tumorzelle aktiv wäre, würde man dies zwar nicht auf den Bildern sehen, dennoch könnte sich daraus wieder ein größerer Tumor bilden. Aus diesem Grund muss alles radikal platt gewälzt werden. Und das erreicht man nur, in dem die Zytostatika auf das Ganze geballert werden.

Enttäuscht bin ich über die Antwort eigentlich nicht, denn das habe ich mir schon gedacht und mit so einer Antwort hatte ich gerechnet. Es hätte mich auch sehr gewundert, wenn der Arzt gesagt hätte: „Achja, stimmt, jetzt wo Sie das sagen, hmm, lassen wir den Quatsch mit der Chemo."

Eine andere Möglichkeit wäre außerdem das Auftauchen eines Rezidivs an einer anderen Stelle im Körper.

Deshalb ist die Chemo leider doch unbedingt notwendig.

# 11. September 2018 – Meine Leukozyten sind im Urlaub

Eine entspannte Blutabnahme über den Port, ein entspanntes Warten auf die Blutergebnisse. Das wird schon klappen, davon gehe ich aus.

Aber nein. Falsch gedacht.

Denn meine Neutrophile sind im Keller. Neutrophile Granulozyten sind Immunzellen und machen mit einem Anteil von 50-65% die häufigsten weißen Blutkörperchen aus. Weiße Blutkörperchen, oder auch Leukozyten, gehören zum Immunsystem und sind für die Immunabwehr zuständig. Die Neutrophile haben hauptsächlich die Aufgabe, Bakterien, Viren und Pilze im Blut unschädlich zu machen. Dafür müssen sie aber in ausreichender Menge zur Verfügung stehen. Ist das nicht der Fall und die Leukozyten und Neutrophile sind zu niedrig, ist die Gefahr krank zu werden deutlich erhöht. Ursache für diese sogenannte Immunsuppression ist die Chemotherapie.

Pro Tag entstehen in etwa 5–10 x $10^{10}$ Neutrophile. Wobei nur ein geringer Anteil davon im Blut zirkuliert, die Mehrheit der Neutrophile verbleibt im Knochenmark und steht als Reserve für Notfallbedingungen wie etwa Infektionen zur Verfügung. Der Normwert der Neutrophile liegt bei gesunden

Menschen üblicherweise zwischen 3000 und 5800, für die Chemo sollten sie bei mir bei in etwa 1500 liegen.

Heute waren meine Neutrophile bei 120.

Leben am Limit quasi.

Ich merke das selber aber nicht. Weder fühle ich mich schlapp, noch bin ich besonders müde. Im Gegenteil, mir geht es sogar richtig gut. Würde ich es nicht besser wissen, ich würde behaupten, ich bin topfit. Am Tag zuvor bin ich noch joggen gewesen und das hat auch ohne Probleme recht gut funktioniert.

Nichtsdestotrotz kann die Chemotherapie heute nicht durchgeführt werden.

Damit meine Neutrophile wieder in den Normbereich aufsteigen, soll ich mir heute und morgen eine Spritze setzen. Eine G-CSF-Spritze. Steht für granulocyte colony-stimulating factor. Dieser Wachstumsfaktor beschleunigt die Transitzeit von Neutrophilen durch das Knochenmark und löst die Freisetzung von Neutrophilen aus dem Knochenmark aus und nimmt somit Einfluss auf die Blutbildung. Die positiven Eigenschaften von G-CSF haben eine wichtige Bedeutung für den klinischen Alltag. Denn Studien konnten belegen, dass das Zuführen von G-CSF nach Chemotherapie zu einer beschleunigten Erholung der Produktion der Granulozyten führt. Zudem verkürzt dieser Wachstumsfaktor die chemotherapieinduzierte Neutropenie, also die wenigen Neutrophile, und reduziert auf diese Weise die durch die Neutropenie hervorgerufenen Komplikationen.

Durch das Spritzen des G-CSF werden innerhalb von 30 Minuten reife, gespeicherte Neutrophile aus dem Knochenmark freigesetzt und nach 12-14 Stunden lässt sich als Antwort auf den Blut-Power-Shot ein Leukozytenpeak im Blut nachweisen. Dieser Leukozytenpeak spiegelt die mobilisierbare, vom Knochenmark ausgehende Reserve in Notfallsituationen wie Neutropenie oder Infektionen wider.

Das mit den Nadeln ist für mich inzwischen absolut nicht mehr neu, war ich zwar erst froh, dass das Spritzen von Heparin jetzt komplett wegfällt, so ist es doch noch nicht ganz vorbei. Aber zwei Spritzen des G-CSF sind zumindest vertretbar, kein Vergleich zu dem vorherigen zweimal täglichen Malträtieren meines Bauches.

Menschenmengen oder erkältete Menschen soll ich die kommenden Tage noch mehr meiden als ohnehin schon. Denn durch die Neutropenie ist mein Immunsystem momentan nicht so auf Zack und eher anfällig für Infektionen.

Ein normal funktionierendes Immunsystem dagegen hat mit dergleichen eher wenig Probleme. Denn wie anhand erhöhter G-CSF-Spiegel im Serum bei Neutropenie und Infektionen gezeigt werden konnte, ist G-CSF das Schlüsselzytokin, oder besser gesagt Super-Protein, in der Abwehr von Infektionen. So stimuliert G-CSF das Wachstum und die Vermehrung granulozytärer Vorläuferzellen im Knochenmark, die sich dort anhäufen und reifen.

Vereinfacht ausgedrückt, ist diese Spritze ein kleines Zaubermittel und zaubert ein paar mehr Abwehrzellen ins Blut. Denn mit dermaßen schlechten Blutwerten kann man nichts anfangen.

Daher ist mein Ausflug in die Tagesklinik für heute nun schon wieder beendet. Ich sehe es immerhin auch bereits entspannter als vor einigen Wochen die Immuntherapie wegen des erhöhten Leberwerts verschoben werden musste.

Kann vorkommen. Kann man nicht ändern. Hachja, was soll's …

Der nächste Versuch ist für Freitag angesetzt, insofern sich bis dahin meine Werte hochpushen.

Go Leukos, go!

# 14. September 2018 – Milz? Mach kein´ Scheiß!

Tadaa!

Drei Tage später und mein Blut geht durch die Decke. Traumwerte. Perfekt.

Allerdings sollte an dieser Stelle nicht unerwähnt bleiben, dass diese Spritzen, mit denen ich meine Neutrophile hochdope, richtig gut knallen. Da an dieser Stelle das Knochenmark aus dem Halbschlaf erwacht und das Schlummern nun vorbei ist, wird gearbeitet. Auf Hochtouren. Hauptsächlich im Becken und etwas im unteren Rücken.

Da tut´s nämlich weh. Und nicht gerade wenig. So etwas habe ich aber schon vermutet, da ich zuvor schon einmal irgendwo gelesen habe, dass das Spritzen von Leukozyten oder Ähnlichem zu Knochenschmerzen führen kann. Zur Sicherheit checke ich das noch mit dem Beipackzettel ab.

Knochenschmerzen. Jo, steht da. Dann passt das ja soweit.

Und wie ich das Din A2 große Teil schon fein säuberlich entfaltet vor mir liegen habe, lese ich bei der Gelegenheit gleich mal ein wenig weiter.

Sehr häufige Nebenwirkungen: Kopfschmerzen, Übelkeit, Erbrechen, Müdigkeit und noch eine ganze Menge mehr.

Aber das sind eigentlich keine wilden Sachen, unerwünschte Nebeneffekte in ähnlicher Form haben doch nahezu alle Medikamente.

Bei den häufigen Nebenwirkungen findet sich unter anderem eine allergische Reaktion oder ein Bluthusten wieder. Na gut, da wird es jetzt langsam ungemütlich. Mit Kopfschmerzen kann ich noch umgehen, aber Bluthusten klingt doch recht spaßbefreit und sieht zudem mit Sicherheit nicht sonderlich reizend aus.

Leicht verstört werfe ich einen kurzen Blick auf die gelegentlichen Nebenwirkungen.

Milzriss.

Was?!

Ich falte den Beipackzettel wieder schön ordentlich zusammen und entsorge ihn diskret im Mülleimer.

Alter, da stand tatsächlich Milzriss. Hui ui ui.

Das ist doch wirklich das Letzte, wonach einem dann noch ist. Wobei so ein Milzriss kommt wahrscheinlich in den seltensten Fällen gelegen.

Vor allem hoffe ich, dass mir meine Milz positiv gesinnt ist. Wenn die sich jetzt mit meiner Leber und meinem Herzen zum Kaffeeklatsch trifft und erfährt, dass man sich nur ein bisschen aufspielen muss und schon wird einem die ganze Aufmerksamkeit zuteil … nicht dass die dann noch auf dumme Gedanken kommt. Aber vielleicht ist meine Milz auch eine ganz

Liebe, ist ein wenig schüchtern und steht nicht so gerne im Mittelpunkt. Das wäre super.

Ich weiß das durchaus auch zu schätzen. Wenn meine Organe einfach ihre Arbeit machen ohne dabei groß aufzufallen. Oft sind stille Helden die wahren Helden. Also an dieser Stelle ein großes Lob an alle meine Organe: „Ihr macht einen ausgezeichneten Job, ich bin sehr stolz auf euch! Weiter so!"

## 28. September 2018 – Cardio bis die Lunge rasselt

Komplikationslose Verabreichung meiner Cocktails. Mehr gibt es dazu auch nicht zu sagen.

Was allerdings mehr ist nach diesem Mal, sind die Nebenwirkungen. Und dazu kann ich in der Tat etwas erzählen.

Denn fünf Tage später komme ich in den Genuss der Fatigue. Fatigue, das ist eine Form der Müdigkeit und Erschöpfung, die in Verbindung mit einer Krebserkrankung steht und häufig infolge der Behandlung auftreten kann.

Das erlebe ich als echt heftig. Den kompletten Tag fühle ich mich unglaublich erschöpft. Alles, wirklich alles ist total anstrengend. „Naja gut, dann lege ich mich halt hin und schlafe ein paar Stunden", denke ich mir. Die Idee an sich ist sicherlich super, nur kann ich nicht einschlafen. Also liege ich eben nur so im Bett und ruhe mich aus. Aber selbst das ist anstrengend. Und nach einer halben Stunde zudem auch eher langweilig. Aber jetzt aufstehen? Aufstehen ist ebenfalls anstrengend.

Boah, erst Mittag, wann ist endlich der Tag rum? Geht das jetzt die ganze nächste Zeit so weiter? Da hätte ich ja so gar keinen Bock drauf. Ich kann mich zu nichts motivieren. Noch nie zuvor habe ich mich derart ausgelaugt gefühlt. Man kann es mit nichts vergleichen und Außenstehenden nur schwer beschreiben.

Nach dem Sport ist man müde und kaputt, aber irgendwie angenehm müde, weil man sich körperlich ausgepowert hat. Oder wenn man einen langen, stressigen Tag hatte, ist man abends kaputt und fertig, aber im besten Fall schläft man vor lauter Müdigkeit sofort ein. Beide Arten von Müdigkeit fühlen sich zwar verschieden an, aber Fatigue übertrifft alles. Es fällt mir wahnsinnig schwer, den Hintern hochzubekommen und mich zu etwas aufzuraffen.

Später am Nachmittag gehe ich ein wenig spazieren. Das ist zwar auch anstrengend, lenkt aber immerhin ab.

Wenn ich mich zu etwas überwunden habe, sei es nur kurz eine Runde um den Block drehen oder ein Spiel spielen, dann geht es auch ganz gut und fühlt sich in dem Moment ein kleines bisschen besser an. Aber dort erst einmal hinzukommen, das ist schon ein großer Erfolg. Jeder sagt, nur auf der Couch zu chillen sei nicht das Beste, was man machen sollte. Klar, das leuchtet auch ein, aber wenn man sich wie ein Schluck Wasser in der Kurve fühlt, dann fällt es einem durchaus schwer, das umzusetzen. Deswegen finde ich es absolut legitim, einen halben Tag – na gut, vielleicht auch einen ganzen – damit zu verbringen, nichts zu tun. Lesen, Film gucken, vor sich hin gammeln.

Schließlich macht man das auch mal, wenn man gesund ist.

Am nächsten Tag geht es mir glücklicherweise deutlich besser. Ein bisschen Fatigue habe ich zwar immer noch, aber es ist kein Vergleich zu gestern.
Und so kommt mir der Gedanke, joggen zu gehen. Gestern habe ich mich zu nahezu nichts in der Lage gefühlt und jetzt habe ich das Bedürfnis, mich zu bewegen und aktiv zu sein.
Also geht es raus. Es ist ein schöner warmer Herbsttag, knappe 20 Grad, ein bisschen Nachmittagssonne. Perfektes Joggingwetter.
Die ersten zehn Minuten funktioniert es richtig gut. Ich gleite nur so über dem Boden hinweg.
„Beste Idee ever", denke ich mir.
Fünf Minuten später sieht es allerdings schon etwas anders aus, dann wird es so langsam doch anstrengend. Weitere fünf Minuten danach fange ich bereits ordentlich an zu pumpen. Das Herz, und vor allem die Lunge laufen auf Hochtouren. „Jetzt stellt euch mal nicht so an, zehn Minuten müsst ihr schon noch durchhalten", rede ich meinen Organen gut zu.
Denn bei mir ist das prinzipiell so: Aufgehört wird nicht dann, wenn ich nicht mehr kann, sondern erst dann, wenn das Programm beendet ist. Das heißt, ich muss mir während des Sports schon die Knochen

brechen oder kreislaufmäßig kurz vorm Exitus stehen, damit ich vorzeitig Schluss mache.

Aktuell bin ich davon noch weit entfernt. Wobei mittlerweile jeder Schritt eine Qual ist. Meine Kondition muss wohl vorhin an dem Springbrunnen stehen geblieben sein. Die chillt jetzt auf der Parkbank, genießt die Aussicht und ich stehe kurz vorm Nahtoderlebnis. Ich versuche an etwas Schönes zu denken, versuche mir positive Gedanken zu machen: „Noch ein paar Minuten, dann ist es vorbei."

Nur leider läuft es sich deswegen auch nicht leichter. Es kommt mir vor, als würde ich langsamer werden. „Maan, jetzt nicht aufgeben! Denk an das geile Gefühl, wenn du's gleich geschafft hast!" Ich versuche mir weiterhin gut zuzureden, mich zu motivieren, aber ich kann nicht mehr.

Oder vielleicht doch?

Meine Beinmuskeln? Brennen noch nicht.

Mein Kreislauf? Ist noch da.

Sehe ich alles klar und deutlich oder irgendwie verschwommen? Nee, alles wie immer.

Dann ziehe ich das jetzt durch.

Kurze Zeit später laufe ich japsend über die imaginäre Ziellinie.

Geschafft! Puuh. Scheiß die Wand an. War das krass. Ist vielleicht doch nicht die beste Idee gewesen. So rückblickend betrachtet.

Ich liege jetzt erst einmal eine Weile auf dem Boden und versuche zu atmen – also in meiner Wohnung, nicht draußen. Nicht dass da gleich einer mit 'nem Defibrillator angerannt kommt. Ein Sauerstoffzelt könnte ich dagegen sehr gut gebrauchen. Denn ich sehe gerade wahrscheinlich weder gesund aus, noch höre ich mich so an.

Aber ich bin glücklich! Kaputt und glücklich.

Wenige Stunden später geht es mir dann auch physisch wieder gut, nur meine Lunge ist mir noch etwas beleidigt.

Ich nehme mir vor, bei zukünftigen Joggingrunden doch aufzuhören, wenn es zu sehr anstrengend wird.

Die nächste Zeit werde ich mich wohl vorrangig auf das Krafttraining konzentrieren. Das macht mir nämlich ohnehin mehr Spaß. Und es ist von der Intensität und vom Umfang genauso möglich wie vor der Krankheit. Zwar auch anstrengend – sonst kann ich ja gleich daheim bleiben – aber gut machbar. Zur Not kann ich dabei die Satzpausen verlängern oder die Gewichte reduzieren. Die Gefahr zur Übertreibung ist dort geringer.

Das Cardiotraining werde ich in unregelmäßigen Abständen weiter betreiben, dann meinetwegen auch im Weichei-Modus. Denn beim Sport gilt grundsätzlich: Nimm deinen Verstand mit, aber lass dein Ego zu Hause.

# 8. Oktober 2018 – Ausflug in die Notaufnahme

Ich wache am Morgen auf und habe das Gefühl, mir über Nacht einen kleinen Schnupfen eingefangen zu haben. Im Laufe des Tages manifestiert sich das leider. Während ich mit tränenden Augen und einer laufenden Nase so vor mich hinrotze, komme ich auf die Idee, mal Fieber zu messen.

Das mache ich sowieso jeden Tag. Ist zwar lästig. Aber Auftrag von ganz oben. Also von der Ärztin. Meiner Lieblingsärztin. Und ihr gehorche ich selbstverständlich.

37,6 Grad. Ohwee. Erhöhte Temperatur.

Noch geht es mir relativ gut, trotzdem sehe ich mich vor meinem inneren Auge schon in der Notaufnahme.

Denn auch hier habe ich den Befehl von ganz oben erhalten, ab 38 Grad die Tagesklinik beziehungsweise die Notaufnahme des Klinikums aufzusuchen. Es könnte ansonsten schon mal lebensgefährlich werden.

„Hach, ist ja spaßig", denke ich mir. Hier hat man in der Tat ein All-you-can-have-Paket gebucht. Oder sich eine besonders schicke Wundertüte ausgesucht. So ein Fieber kann dann zwar schnell gesenkt werden und man hat das gut im Griff, wichtig ist zudem auch, die Ursache dessen herauszufinden.

Gegen zehn Uhr abends glühen meine Backen, oder besser gesagt, das ganze Gesicht dann schon recht stark, sodass ich mich dazu genötigt sehe, ein weiteres Mal das Fieberthermometer zu zücken. Und siehe da: 38,3. Na ganz toll.

Es ist Montagabend, und jetzt um diese Uhrzeit in die Notaufnahme? Ach Mensch, das muss jetzt doch wirklich nicht sein.

Als optimistisch eingestellter Mensch messe ich nun mit zwei verschiedenen Thermometern im Zehn-Minuten-Takt.

Nach einer Stunde bin ich auf wundersame Weise in der Tat wieder bei 37,6. Yes!

Nach einer weiteren allerdings doch wieder bei 38,3. Nein!

Es hilft nichts. Ich komme nicht drum herum. Schnell wird das Nötigste zusammengepackt und auf geht es in die Notaufnahme.

Immerhin ist um diese Uhrzeit dort nicht mehr allzu viel los. Oder ich habe einen günstigen Tag erwischt. Naja, man muss auch mal Glück haben.

Eine lange Warterei fällt also schon einmal weg und ich werde direkt mit Paracetamol und Antibiotika vollgepumpt. Das fließt direkt durch meinen neuen hübschen Zugang im Arm in meine Vene.

Da nicht so recht klar ist, was ich denn nun genau habe - Infekt, Grippe oder irgendetwas ganz anderes - kann ich die Nacht sogar in einem Einzelzimmer residieren.

Und die diensthabende Ärztin ist auch ganz süß.

Hachja, es sind die Kleinigkeiten im Leben.

Darauf, dass ich über Nacht dort bleiben muss, habe ich mich schon eingestellt gehabt.

Glücklicherweise handelt es sich nur um einen Infekt und ich kann am Vormittag des nächsten Tages nach dem Frühstück das Krankenhaus wieder verlassen.

Puh …

Haben wir also hinter dem Punkt „Nachts in die Notaufnahme" auch einen Haken gesetzt.

Man muss die Feste eben feiern, wie sie fallen.

## 12. Oktober 2018 – Chips und alkoholfreies Bier

Mein Infekt ist soweit wieder abgeklungen, ein kleines bisschen fühle ich mich zwar noch erkältet, ich hoffe aber trotzdem, dass die Chemo heute stattfinden kann.

Alles hängt von meinen Blutwerten ab. Und die sind heute wohl mal wieder in bester Laune. Die Infektwerte sind zurückgegangen und da mein Allgemeinzustand recht gut ist, kann die Cocktailparty starten.

Eine Neuerung gibt es allerdings. Damit meine Neutrophile da bleiben, wo sie sollen, gibt es jetzt statt einer Woche nach der Chemo für drei Tage hintereinander eine Spritze, nur noch eine einzige Spritze 48 Stunden nach der Chemotherapie. So eine Art Depotspritze.

Gerade als ich überlege, ob das nun besser oder schlechter sei, sagt mein Arzt: „Dann können allerdings die Knochenschmerzen noch schlimmer sein."

„Was, noch schlimmer?!"

So genau wollte ich es doch nicht wissen.

Denn diese Knochenschmerzen sind echt die absolute Hölle. Ich spüre das hauptsächlich im Becken und im unteren Rücken. Meist war das eine Nacht und einen Tag ziemlich heftig, und dann nach zwei Tagen aber glücklicherweise wieder weg.

Das fühlt sich an, als würde einem jemand das Becken zertrümmern, zerhäckseln und darin herumsägen. Alles zugleich. Im Liegen und im Sitzen beinahe unerträglich, im Gehen noch am ehesten auszuhalten, aber definitiv auch nicht schön. Diese Schmerzen haben eine permanente, ungeheure Intensität, die eigentlich gar nicht mit Worten zu beschreiben ist. Ich nehme nie Schmerzmittel, aber diese Höllenqualen haben selbst mich dazu gebracht, ein wenig vom Paracetamol zu naschen. Doch selbst das hält maximal für zwei Stunden an. Na super. Dann kann ich es mir auch gleich sparen. Denn es kann doch wirklich keine Alternative sein, mir alle zwei Stunden starke Schmerzpillen einzuwerfen. Daher reduziere ich die Einnahme auf abends, kurz vor dem zu Bett gehen, dadurch habe ich wenigstens eine Chance überhaupt einschlafen zu können.

Dementsprechend bin ich nun natürlich sehr gespannt auf die neue Spritze, denn um da noch einmal einen drauf setzen zu können, müsste die schon echt gewaltig knallen.

48 Stunden später setze ich mir also meinen neuen Pimp-Your-Blood-Top-Hot-Shot.

Und warte.

Und warte.

Tag eins, Tag zwei, Tag drei. Nichts passiert, ich spüre nichts.

Hui! Ich liebe diese Spritze!

Doch ich halte vorerst lieber einmal die Klappe. Nur weil das dieses Mal so ist, kann es das nächste Mal ganz anders sein. Oder vielleicht kommt doch noch etwas.

Tatsächlich machen sich nach vier Tagen mein Becken und mein unterer Rücken bemerkbar. Hinzu kommen leichte Kopfschmerzen. Allerdings alles nur minimal, definitiv kein Vergleich zu den anderen Spritzen. Auch trainieren ist kein Problem, meine Begeisterung hält also weiter an.

Insgesamt habe ich diese vierte Runde bisher ziemlich gut vertragen.

Direkt nach der Chemotherapie habe ich jedes Mal einen staubtrockenen Mund und durch das viele Sitzen fühle ich mich ein wenig müde.

Am ersten Tag danach geht es mir eigentlich immer ganz gut, an Tag zwei bis vier habe ich eine leichte Übelkeit, ein allgemein komisches Gefühl und einen komischen Geschmack im Mund, so als hätte ich am Tag davor zu viel getrunken und zu viel geraucht. Wasser schmeckt abgestanden und auf eine unbeschreibliche Art irgendwie einfach nicht gut.

Katerstimmung, aber immerhin ohne Schädel.

Was dagegen hilft, sind Chips. Eigentlich mag ich gar

keine Chips, aber die ersten Tage nach der Chemo könnte ich mich nur davon ernähren und ziehe mir das Zeug dementsprechend auch rein als gäbe es keinen Morgen mehr. Generell ist alles was salzig, fettig und/oder fleischig ist, nicht sicher vor mir. Appetitlosigkeit ist für mich ein Fremdwort. Und dabei nehme ich noch nicht einmal zu. Im Gegenteil. Ich kann essen, was ich will und mein Gewicht bleibt konstant. Meine Gebete wurden endlich erhört.

Rührei mit Bacon stehen bei mir sehr hoch im Kurs. Rouladen sind auch super, aber ohne Beilage. Mit so etwas muss man sich ja nicht aufhalten. Ich konzentriere mich auf das Wesentliche: Fleisch.

Wovon ich allerdings nun seit einigen Monaten schon die Finger gelassen habe, ist der Alkohol. Dieses Buch ist daher in einem völlig nüchternen Zustand meinerseits entstanden, was ich dagegen von meinen Abschlussarbeiten nicht zwingend behaupten kann …

Es wurde mir zwar nicht verboten, Alkohol zu trinken, aber da mein Leberwert in Folge der Immuntherapie zeitweise deutlich erhöht war, habe ich es lieber vorgezogen, auf Bier, Wein und dergleichen zu verzichten.

Was mir auch nicht besonders schwer gefallen ist. Mein Alkoholkonsum beschränkt sich in der Regel auf das ein oder andere Glas Wein oder die ein oder andere Flasche Bier.

Was nicht heißt, dass ich die Ansicht vertrete, Abstürze alkoholischen Ursprungs seien zu verurteilen. Mal in Maßen, mal in Massen. Es sollte sich nur im Rahmen halten. Ein, zwei Mal im Jahr darf man seine Organe schon an die Leistungsgrenze bringen. Nur wer seine Grenzen kennt, weiß um sein Potenzial. Schon alleine vor dem Hintergrund, seinem Körper zu zeigen, wie gut er es bei einem hat, da so etwas nicht an der Tagesordnung ist, sondern nur in Ausnahmefällen eher selten vorkommt. Und dann ist es ja auch wieder gut für eine ganze Weile.

Was ich jedoch nun auch empfehlen kann, ist der absolute Verzicht auf Alkohol.

Ein Satz, der mir als leidenschaftliche Biertrinkerin nicht leichtfällt. Auch sonst beginne ich, Angst vor mir selbst zu entwickeln. So habe ich kürzlich alkoholfreies Bier für mich entdeckt. Früher bin ich im Supermarkt müde lächelnd daran vorbei gegangen, diesmal bin ich fröhlich lächelnd damit heimgegangen.

Gut, es schmeckt ein bisschen dünn.

Aber so als Alternative ist es eigentlich gar nicht mal so schlecht. Und am nächsten Tag geht es einem gut, unabhängig von der getrunkenen Menge.

Sehr empfehlen kann ich alkoholfreies Weißbier, das ist gar nicht so weit weg vom Original und schmeckt sogar von nahezu allen Biermarken. Ansonsten ist das Alkoholfreie von Löwenbräu extrem gut. Becks alkoholfrei schmeckt eindeutig besser als die alkoholisierten Varianten, aber ein Bayer trinkt grundsätzlich auch keine Biere aus dem Norden, außer vielleicht Astra. Schwer enttäuscht bin ich dagegen vom Brauhaus Tegernsee, davon gibt es leider keine alkoholfreie Alternative. Dabei ist das doch meine liebste Brauerei (falls das hier jemand liest, der in dieser Hinsicht Kontakte hat: Ich bin jederzeit offen für eine kostenfreie Lieferung eines Kastens Tegernseer Hell in regelmäßigen Abständen bis an mein Lebensende). Immerhin haben die Tegernseer ein alkoholreduziertes Bier in ihrem Produktkatalog. Das eignet sich dann zumindest als Wiedereingliederungsmaßnahme.

Voller Begeisterung schwärme ich meinen Freunden also von alkoholfreiem Bier vor.

„Das ist voll gut, weil ohne Kater und ohne viele Kalorien und zudem auch noch total gut für die Gesundheit."

„Verena, bist du krank?", ist die einzige Reaktion darauf, zusammen mit einem entrüsteten Blick und Kopfschütteln.

„Ja, schwer!", erwidere ich laut lachend.

## 26. Oktober 2018 – 100 Punkte für meinen Blutdruck

Cocktailparty fünf von acht steht auf dem Plan. Das Ziel kommt immer näher.

Mein Blutdruck ist heute der Held des Tages.

120/80 mmHg. Traumwert. „Schulbuchmäßig", um die Krankenschwester zu zitieren.

Beim letzten Mal war das noch anders. Da ging der Wert ein kleines bisschen durch die Decke. Das lag aber nicht an mir, sondern an der hübschen Assistenzärztin, die ich exakt in dem Moment erblickte, in dem mir die Krankenschwester bereits das Blutdruckmessgerät an mein Handgelenk anlegte.

„Oh, fuck. Das wird jetzt definitiv kein repräsentativer Wert", denke ich mir leicht panisch, während ich noch so tief, gleichmäßig und ruhig zu atmen versuche, wie irgendwie möglich. Befand ich mich gerade noch im Stand-By-Modus, erwacht in dieser hundertstel Sekunde alles in meinem Körper aus dem morgendlichen, beinahe komatösen Halbschlaf. Mein Körper macht ohne Vorwarnung einen Schnellstart.

Ich traue mich gar nicht, auf das Display des Messgeräts zu schauen.

„Oh."

„Oh?"

„148 zu 108." Upps.

„Oh!"

„Sind Sie nervös?", fragt mich die Schwester.

„Äh, nee. Nee. Ich komme gerade eben von unten …
es ist noch sehr früh, und da gleicht das ja sozusagen
schon Extremsport … hier die Treppen hoch bis in
den, äh, ersten Stock …", um eine schwache Ausrede
bin ich jedenfalls nicht verlegen.

Dass ich den Aufzug genommen habe und bis gerade
eben noch mega entspannt gewesen bin, das ver-
schweige ich an dieser Stelle lieber.

Nun ja, heute ist die gutaussehende Ärztin leider
nicht da. Das ist zwar sehr schade, aber immerhin gut
für meinen Blutdruck.

Da auch alle anderen Werte im Rahmen liegen, kann
die Chemo erwartungsgemäß durchgeführt werden.

Ab heute benötigen meine Cocktailpartys eine Stunde
weniger, denn der Antikörper Nivolumab – oder von
mir auch liebevoll „Kinderpunsch" genannt – fällt
dann weg. Von der Verträglichkeit her dürfte das eigentlich keinen großen Unterschied machen. Schließlich denke ich mir: „Je weniger reinfließt, desto weniger kann kaputt gehen."

Ich behalte sogar Recht, bis auf die leichte Übelkeit,
die dieses Mal etwas stärker ist als sonst, zeigen sich
keine unerwünschten Nebenwirkungen. Auch diese

Übelkeit schränkt mich nicht sehr ein. Tabletten dagegen habe ich zwar im Haus, muss sie aber nicht nehmen. So schlimm ist es nicht. Im Training habe ich damit auch keine Probleme, das ist wie immer sehr gut machbar. Kaugummi rein gegen den unangenehmen Geschmack und dann lässt sich das schon aushalten.

Und auch von meiner Pimp-Your-Blood-Top-Hot-Shot-Spritze bin ich jetzt endgültig hellauf begeistert. Ich merke nichts. Absolut nichts. Richtig geiler Scheiß.

Wenn man bedenkt, dass diese eine Spritze über 1600 Taler kostet, kann man gewiss anmerken: Die ist das Geld wert. Natürlich übernimmt solche Kosten die Krankenkasse, aber daran wird eben auch deutlich, welche hohen finanziellen Summen hinter einer Krebserkrankung stecken und was das für ein Ausmaß hat.

In dieser Woche fühle ich mich ziemlich gut und körperlich fit, sodass selbst fünfmal Training nacheinander kein Problem darstellen. Ich muss mich danach noch nicht einmal sonderlich lange ausruhen. Das überrascht mich zwar selbst ein wenig, aber scheinbar hat mein Körper verstanden, wer hier die Chefin ist. Daher bin ich top in Form, gut durchtrainiert, das Sixpack ist gestählt und Chemo Runde Nummer fünf kann kommen.

Ich bin bereit.

## 12. November 2018 – Weder Gold noch Glitzer

Normalerweise wäre ich am Freitag wieder dran gewesen, denn mein Rhythmus ist immer freitags alle zwei Wochen. Doch genau an diesem Freitag war die Tagesklinik wegen Umbau geschlossen. Deswegen wurde meine Chemo Session auf Montag verschoben. Umbau. Ist dann da drinnen alles neu? Architektonisch modernste durchdesignte Räumlichkeiten mit trendy Farbakzenten? Luftballons? Konfetti?

Voller Erwartung betrete ich also die Tagesklinik.

Und werde bitter enttäuscht. Keine Luftballons, kein Begrüßungs-Prosecco, nicht einmal ein kleines bisschen Glitzer.

Schwach.

Das einzige, was neu ist, sind die komischen Stuhl-Liegen. Die sind statt dem sehr uneinladend wirkenden beige-grau jetzt königsblau. Und etwas bequemer. Was nicht heißt, dass da nicht noch Luft nach oben wäre. Man steigert sich hier wohl in kleinen Schritten.

Nach der Hüpfburg frage ich lieber erst gar nicht, das haben die mit Sicherheit auch nicht bedacht.

Immerhin sind meine Aufenthalte in der Tagesklinik gezählt, heute überstehen und dann nur noch zweimal.

Das ist absehbar.

Die letzten beiden Cocktailpartys werde ich nun auch noch hinter mich bringen. Ein etwas freundlicher gestalteter Raum wäre aber trotzdem nicht schlecht gewesen.

## 26. November 2018 – Beim Perückenmann

Nun ist es also so weit, ich komme um eine Perücke nicht mehr drumherum. Da sich meine Haare bereits nach der zweiten Chemo Sitzung zu verabschieden begannen, und das kontinuierlich und ohne Pause so weiter ging, bin ich inzwischen an dem Punkt angelangt, an dem ich sage:

„Schön ist es jetzt wirklich nicht mehr, her mit dem Fiffi."

Vor allem bei jedem Mal Haare waschen gehen eine ganze Menge aus. Mittlerweile ist es auf meinem Kopf ziemlich licht geworden. Glücklicherweise habe ich von Haus aus viele Haare, sodass es doch recht lange gedauert hat, bis ein Unterschied zu davor sichtbar geworden ist. Außerdem hatte ich immer noch die Hoffnung, dass es bei dieser Art der Chemo nur zu einem Ausdünnen der Haare kommt, büschelweise sind sie mir schließlich nicht ausgegangen und auch meine Augenbrauen und Wimpern bleiben schön brav bei mir. Das liegt daran, dass sich diese Haarzellen langsamer teilen als die Haarzellen der Kopfhaare und demnach fallen die eben schneller aus.

Wo es natürlich trotzdem fröhlich weiter wächst, ist an den Beinen. Das war ja klar, wo man es am wenigstens braucht und am ehesten darauf verzichten könnte, da sprießt es munter weiter. Immerhin deutlich langsamer, dadurch reicht es vollkommen, wenn ich mir alle zwei Wochen die Beine rasiere.

Ein kleiner Exkurs an dieser Stelle:
Von meiner Lieblingsärztin habe ich den Hinweis bekommen, mir während der Zeit der Chemotherapie nicht die Beine zu rasieren. Denn durch das Rasieren kann es zu Entzündungen, im schlimmsten Fall zu Ekzemen kommen.
Jetzt stellt sich jeder vernünftig denkende Mensch natürlich die Frage: Warum zur Hölle mache ich das dann?
Nun ja, zu Beginn war ich noch artig und folgsam. Aber wer sich schon einmal vier Wochen lang die Beine nicht rasiert hat, der weiß: das sieht nicht gut aus. Genauer gesagt sah es jenseits von Gut und Böse aus und ich fühlte mich dermaßen unwohl, sodass für mich ein Punkt erreicht war, zu sagen: „Hier liegt meine persönliche Grenze, ein Stückchen Restwürde habe ich schließlich noch und wenn mich meine Eitelkeit damit in große Schwierigkeiten bringt, dann ist das eben so."
Zugegeben, ein kleines bisschen hatte ich schon ein schlechtes Gewissen.
Denn was sind schon ein paar Haare gegenüber so einer richtig ekligen Hautentzündung. Und dann war

das zudem auch noch diese attraktive Ärztin, deren Rat ich mir nur sehr ungern widersetzen möchte.

Aber ich habe es getan. Erfreulicherweise ist dabei immer alles gut gegangen. Statt zwei bis drei Mal in der Woche genügen eben auch alle zwei, drei Wochen.

Dennoch kann ich an dieser Stelle den Mädels, die sich selbst auch mit langen Beinhaaren schön finden, den Tipp geben: Besser nicht rasieren.

Wo ich sie mir definitiv nicht abrasieren kann, ist auf dem Kopf. Würden sie mir dort extrem ausfallen und wäre es sicher, dass innerhalb kürzester Zeit alle Haare ausgehen, dann hätte ich es gemacht. Weil mit nur drei Haaren auf dem Kopf kann man sich eigentlich auch nicht gut fühlen.

Aber das ist ja bei mir nicht der Fall und daher habe ich auch nicht die Eier dazu. Ohne Haare sehe ich einfach scheiße aus. Tut mir leid, aber ist leider so.

Schlecht sehe ich nun mittlerweile auch mit meinen ausgedünnten Haaren aus und da das Ganze doch recht weit weg vom Original ist, wird es Zeit, dem Perückenmann einen Besuch abzustatten.

Einen ersten Termin zur Beratung hatte ich bereits vor dem Start meiner Chemotherapie. Dieser verlief so, dass ich zunächst alles ganz genau erklärt bekommen habe. Sämtliche Informationen zu dem Umgang und der Pflege der Perücke, zu dem Material und dem

Herstellungsverfahren sowie zu den Preisen und Unterschieden. Im Anschluss daran wurde mein Kopf vermessen und besprochen, was für eine Frisur es denn sein soll. Farbe, Länge, Schnitt.

Jetzt, bei meinem zweiten Termin bin ich entsprechend gespannt auf die Auswahl und wie ich denn mit Perücke aussehen werde. Bis zu diesem Zeitpunkt konnte ich mir das so überhaupt gar nicht ausmalen. Ich mit so 'nem Teppich aufm Kopf? Eine komische Vorstellung.

Zehn Perücken wurden für mich anhand meiner Wünsche bestellt. Das ist schon einmal eine ganze Menge, da muss doch eine Zufriedenstellende dabei sein.

Also wird eine nach der anderen aufgesetzt.

Dennoch ist das nicht so leicht. Es sitzt nämlich keine richtig.

Mein Kopf ist verhältnismäßig klein, die meisten Perücken sind zu groß oder müssten zuvor erst enger genäht werden. Aber auch von der Optik macht mich keine glücklich. Entweder ist sie von der Länge zu kurz oder zu lang, von der Farbe zu dunkel oder zu hell und vom Schnitt zu langweilig. Meinen typisch zerzausten Wuschellook finde ich in keiner Perücke wieder. Die ein oder andere Perücke sieht an mir einerseits zwar recht gut aus, macht andererseits aber einen ganz anderen Typ aus mir.

Damit kann ich mich nicht identifizieren, das bin nicht ich.

Auch der Perückenmann selbst wird zunehmend verzweifelter und ratloser. Das komme so gut wie nie vor, dass nichts Passendes dabei wäre. Aber da könne er mir jetzt auch keine guten Gewissens verkaufen. Ich solle es bei einem anderen Perückenstudio probieren.

Na toll.

Mir war vollkommen bewusst, dass es nicht einfach werden würde, eine Perücke zu finden, die annähernd an meine gewohnte Frisur hinkommt und zu kleinen Kompromissen wäre ich durchaus bereit gewesen, aber dass nun so überhaupt nichts dabei ist, das ist schon enttäuschend.

Doch dann kam die Überraschung.

Auf einmal kommt der Perückenmann mit einer Perücke um die Ecke, die ich noch nicht anprobiert hatte.

„Schauen Sie mal. Die lag noch hinten im Lager … hatte ich ganz vergessen, die hatte ich auch für Sie bestellt."

Ich setze diese Perücke auf und weiß sofort: Die ist es. Die Länge ist perfekt, sie sitzt wie angegossen und von der Farbe kommt es auch gut hin. Unten schauen meine eigenen Haare ein bisschen raus, da diese inzwischen zusätzlich auch viel zu lang geworden sind.

Man erkennt kaum einen Unterschied zwischen meinem Haar und dem Kunsthaar. Es ist zwar heller als mein eigenes, aber sind wir nicht alle ein bisschen blond?

Da das Abrasieren wegfällt, werden mir die Haare nur gekürzt, sodass das eben mit dem Zweithaar gut funktioniert. Als dann die Perücke so richtig sitzt, gekämmt und gestylt ist, fühle ich mich beim Blick in den Spiegel richtig gut. Ich bin glücklich und zufrieden, dass das ein gutes Ende genommen hat und ich jetzt sogar etwas gefunden habe, was wirklich zu 100% zu mir passt und meinem Typ entspricht. Verena II. und ich, wir sind eine Augenweide.

Verena, die Zweite?

Ja. Ich dachte, hier kann eine Namensgebung zwecks Schaffung eines emotionalen Bezugs nicht schaden.

Keine Frage, natürlich wäre es mir lieber gewesen, ich hätte meine Haare behalten können. Schon ganz am Anfang habe ich gesagt: „Ich kotz' gerne vier Monate im Strahl, wenn ich dafür meine Haare nicht verliere."

Ich finde, das wäre ein sehr fairer Deal gewesen, aber leider hat sich mein Körper nicht darauf eingelassen. Immerhin habe ich während der ganzen Zeit auch nicht gekotzt. Wenigstens etwas.

Trotzdem ist die Sache mit den Haaren für mich die

schlimmste Nebenwirkung. Sich aufgrund der Therapie schlecht zu fühlen, ist das eine und schlecht auszusehen das andere, allerdings beides in Kombination ist schon sehr unschön.

Normalerweise bin ich vom Typ her sehr entspannt, aber wenn es um meine Frisur geht, werde ich zur Tussi. Da bin ich auf einmal eine richtig eitle, eingebildete, kleine Tussi. Dann muss jede Strähne an der exakten Stelle liegen und gerne bleibe ich vor allem stehen, was sich nur annähernd spiegelt, um sicher zu gehen, ob meine Haare auch perfekt gestylt sind. Wenn ich einen Bad-Hair-Day habe, möchte ich am liebsten gar nicht das Haus verlassen und wenn es der Friseur verschnitten hat, bin ich kurz davor, mir Urlaub zu nehmen.

Deswegen ist das nun eben sehr blöd, wenn so einem Menschen, der sich nahezu vollständig über seine Haare identifiziert, diese dann ausfallen.

Daher war es für mich persönlich sehr gut, dass meine Behandlung erst mit der Immuntherapie gestartet ist. In dieser Zeit konnte ich mich langsam darauf einstellen und mich mit dem Gedanken abfinden, dass meine Frisur, so wie sie jetzt ist, erst einmal der Vergangenheit angehört. Auch macht es aus meiner Sicht einen Unterschied, ob die Haare direkt büschelweise ausgehen oder sich einfach mit der Zeit immer mehr verabschieden. Denn wie ich dem Verfall über die

Wochen hinweg so zusah, stellte sich bei mir immer mehr eine Gleichgültigkeit dem gegenüber ein. Schließlich geht es mir körperlich und psychisch die meiste Zeit ziemlich gut. Und das ist doch das Wichtigste. Dass man die Chemotherapie so gut wie möglich übersteht. Die Haare wachsen ja wieder und nach ein paar Monaten sieht das von der Länge auch wieder ganz vernünftig aus.

„Dann sollen sie mir halt ausgehen, das ist mir jetzt auch egal", so meine Einstellung.

Ja, diesen Satz kann ich tatsächlich aus Überzeugung sagen. Jetzt, da Verena, die Zweite bei mir eingezogen ist, sehe ich dem Ganzen sogar noch entspannter entgegen.

Als ich mit meiner wenig vorhandenen Haarpracht herumgelaufen bin, habe ich schon den ein oder anderen verstohlenen Blick von Leuten bemerkt, die mich zwar vom Sehen kennen, aber nichts von meiner Krankheit wissen. Damit hatte ich zwar keine Probleme, aber jetzt mit Perücke bekomme ich Komplimente für meine tolle Frisur, und wenn ich die Wahl habe, dann ist das doch die weitaus bessere Alternative.

In den zwei Wochen nach der sechsten Chemo war es sehr ruhig und unspektakulär, dafür ist jetzt nach der siebten Runde das Programm umso vielfältiger.

Nachdem ich mich mit Verena II. in den letzten Tagen gut eingelebt habe, ist heute das Aufklärungsgespräch für die Strahlentherapie an der Reihe.

In dem Brief, mit dem mir dieser Termin mitgeteilt wurde, ist das Gespräch für eine Stunde veranschlagt. „Was wollen die mir denn eine ganze Stunde lang erzählen", frage ich mich. Das müssen dann aber übermäßig viele Nebenwirkungen sein, wenn das Aufzählen derart erhebliche Zeit in Anspruch nimmt.

Und tatsächlich kann ich hier nur wieder dezent anmerken: Bestrahlung? - Hmm, ich würd´s nicht machen, wenn´s nicht unbedingt sein muss.

Tja, aber bei mir muss es leider unbedingt sein. Am Hals über dem Schlüsselbein und im Thoraxbereich. Denn bestrahlt wird an den Stellen, an denen Lymphknoten befallen waren.

Die Gegend am Hals sollte sich recht unproblematisch gestalten, denn da ist nichts Wichtiges im Weg, hier kann es möglicherweise zu Hautreaktionen oder leichten Schluckbeschwerden kommen.

Bei Bestrahlungen im Hals-Kopf-Bereich wird vor der Therapie eine Maske angefertigt. Diese sitzt dann ziemlich fest, sodass keine Bewegung mehr möglich ist, man richtig gelagert werden kann und somit exakt der gewünschte Bereich bestrahlt wird.

Ich bin mal gespannt, ob ich mit dieser Maske wie Hannibal Lecter aussehen werde oder doch eher wie

Mephisto ohne Augenbrauen.

Nicht ganz so lustig sind allerdings die potentiellen Nebenwirkungen, was die andere Region betrifft. Dort liegen nämlich Herz und Lunge etwas ungünstig. Die beiden machen das Ganze während der Behandlung wahrscheinlich gut mit, was jedoch die Spätfolgen angeht, könnten sich die zwei zu Problemorganen entwickeln. Demnach kann es zu einer Lungenentzündung, Lungenfibrose oder einer anderen chronischen Lungenerkrankung kommen. Bei dem Herzen hört sich das noch ein klein wenig dramatischer an, denn bei der Bestrahlung werden auch die Herzgefäße in Mitleidenschaft gezogen und daher ist bei mir das Risiko für eine spätere Herzerkrankung deutlich erhöht. Insbesondere als das Wort „Herzinfarkt" fällt, zucke ich innerlich doch etwas zusammen. Das wäre jetzt nicht mein zukünftiger Plan für mein Herz gewesen.

Immerhin ist es ein kleiner Trost, dass das alles ja nicht eintreffen muss, die Wahrscheinlichkeit ist bei mir zwar um einiges höher als bei Gesunden, aber da ich grundsätzlich eher zu der unkonventionellen Sorte gehöre, mogle ich mich da vielleicht auch einfach so durch. Meine Organe sollen sich letzten Endes nicht so anstellen, einfach ihre Arbeit machen und entspannt bleiben. Auf der anderen Seite heißt das für mich selbstverständlich auch, dass Sport weiterhin einen sehr hohen Stellenwert haben wird. Dabei wurden meine Organe eh noch nie geschont, das kennen die nun schon seit langem und sind es gewohnt, dass bis an die Leistungsgrenze trainiert wird.

Je weniger Risikofaktoren ich mich aussetze, umso besser. Sei es eben Sport, Ernährung und eine insgesamt recht gesunde Lebensweise.

Ausdrücklich abgeraten hat mir die Ärztin vom Rauchen. Praktisch, dass ich bereits Nichtraucher bin. Und das aus mir kein Raucher mehr wird, das weiß ich auch, aber so ein kleines Genusszigarettchen, das war gelegentlich schon ganz nett. Da muss ich mir mal etwas überlegen. Im Allgemeinen und im Speziellen ist gegen ein bis maximal fünf Zigaretten im Jahr doch nichts einzuwenden. Gut, vielleicht ab jetzt nur noch maximal drei Zigaretten pro Jahr.

Wenn es den Anschein hat, es lese sich an dieser Stelle Unvernunft zwischen den Zeilen, dann ist mir das egal.

Womöglich lasse ich das mit dem Rauchen auch komplett sein …

Um wieder zum Thema zurück zu kommen, ist noch ein weiterer Aspekt erwähnenswert.

Durch eine Strahlentherapie kann sich ein Zweittumor bilden. Strahlen können nicht nur heilen, sondern haben ungünstigerweise auch Nachteile. Gerade die Gefahr, nach einigen Jahren bis wenigen

Jahrzehnten an Brustkrebs zu erkranken, ist bei mir dann wesentlich höher.

Das ist genau wie das mit dem Herzen eher uncool. Auf eine andere Krebsart habe ich nicht so Lust drauf. Aber auch hier gilt wieder das Prinzip: Es kann auftreten, muss aber nicht.

Aus diesem Grund beschließe ich noch während des Gesprächs weiter positiv zu bleiben. Was meinen Körper anbelangt, bin schließlich immer noch ich der Oberbefehlshaber und etwas anderes kommt hier gar nicht in die Tüte.

Durch zukünftige engmaschige Kontrollen werde ich in regelmäßigen Abständen sowieso auf sämtliche Dinge durchgecheckt, man könnte fast sagen, ich war noch nie medizinisch so gut betreut wie derzeit, und in den nächsten Jahren werde ich von einer Arztpraxis zur nächsten pilgern. Onkologe, Hämatologe, Gynäkologe, Kardiologe, Pneumologe. Kein Arzt wird mehr vor mir sicher sein. Andere sind Hoteltester, ich sollte mir vielleicht ein zweites Standbein als Arztpraxistester aufbauen.

Zumindest habe ich noch ein wenig Zeit, die Flut an Informationen sacken zu lassen, denn bevor es mit der Bestrahlung losgehen kann, steht erst noch die letzte Chemotherapie auf dem Plan.

# 10. Dezember 2018 – Feierabend in der Tagesklinik

Einmal noch und dann nie wieder. Das ist schon ein tolles Gefühl, zu wissen, es jetzt endlich hinter mich gebracht zu haben. Dieses eine Mal werde ich nun auch noch rumkriegen und dann habe ich die Chemo geschafft! Acht Cocktailpartys waren allerdings auch genug, und davor gab es außerdem noch die vier Immuntherapie-Shots. So viele Drinks konsumiere ich sonst selbst in drei Jahren nicht. Also alles in allem kann ich getrost behaupten: Es reicht jetzt wirklich einmal!

Obwohl Abschiede normalerweise nicht so mein Ding sind, fällt es mir dagegen sehr leicht, der Tagesklinik auf Wiedersehen zu sagen. Oder besser: Auf Nimmerwiedersehen. Denn besonders schön war es dort nicht. Weder die Gestaltung der Räumlichkeiten, noch das Entertainment-Programm konnten mich überzeugen. Einzig die gutaussehende Assistenzärztin hat im Wesentlichen zu meiner guten Laune während meines Aufenthalts beigetragen.

Und so verlasse ich ohne Wehmut ein letztes Mal das Gebäude. Ich bin wahnsinnig erleichtert, die Chemotherapie endlich abgeschlossen zu haben. Damit sollte das Gröbste jetzt doch vorbei sein.

Komplett überstanden habe ich es unterdessen allerdings noch nicht, denn der letzte Therapieteil meiner Behandlung steht noch aus.

Der Grill. Also die Bestrahlung.

Bevor es mit dieser losgehen kann, kommen in der nächsten Woche zuerst jede Menge Termine auf mich zu.

Begonnen wird Montag mit der standardmäßigen Kontrolle der Blutwerte bei meinem Hausarzt. Diese sind soweit auch alle in Ordnung.

Ich kann es immer wieder nur betonen, meine Power-Spritze ist einfach genial.

Dienstag geht es ins rechts der Isar. Die Programmpunkte sind ein Lungenfunktionstest zum einen und ein PET-CT zum anderen. In beidem bin ich mittlerweile schon Profi.

Der Lufu klappt super. Die Ergebnisse sind deutlich besser als beim letzten Mal, jetzt liegen alle Werte im Normbereich. Es sieht so aus, wie es aussehen sollte.

Ich selbst merke auch beim Pusten, dass es heute irgendwie besser funktioniert, aber dass der Unterschied zum letzten Test so groß ist, das hätte ich nicht gedacht.

Gut gelaunt mache ich mich anschließend auf den Weg zum anderen Ende des Krankenhauses. In die

Nuklearmedizin finde ich mittlerweile blind. Erschien mir das Klinikum zu Beginn noch unübersichtlich, verwinkelt und riesig, so könnte ich inzwischen Besichtigungstouren durch das rechts der Isar anbieten.

Das zweite Event auf der Liste ist also das PET-CT. Dieses geht leider nicht so schnell vonstatten wie der Lungenfunktionstest. Dafür ist der Chillfaktor bei dieser Untersuchung extrem hoch.

Wie bei meinem letzten Termin im August, durfte ich auch dieses Mal sechs Stunden zuvor nichts essen. Nach kurzem Warten bekomme ich einen Zugang im Arm gelegt. Was nun folgt, ist exakt derselbe Ablauf wie bei der letzten Untersuchung.

Hinsetzen, Decke, Kontrastmittel trinken, wenig bewegen. Zwischendurch kriege ich den radioaktiven Stoff gespritzt.

Da auch das PET-CT auf die gleiche Weise erfolgt, gibt es hier letztlich nichts Neues zu berichten.

Gespannt bin ich allerdings darauf, ob man mir bei der Besprechung der Ergebnisse etwas Neues erzählen kann. Doch dafür muss ich mich noch bis Donnerstag gedulden. Nichtsdestotrotz habe ich ein gutes Gefühl, denn im Grunde genommen sah das beim letzten PET-CT nach der Immuntherapie schon alles sehr gut aus. Jetzt wurde auf das Ganze noch die Chemotherapie geschossen, da muss es doch einfach gute

Ergebnisse geben.

Demzufolge mache ich mich Donnerstag frohen Mutes auf zum Besprechungstermin ins Tumortherapiezentrum im rechts der Isar. Das ist eine Ambulanz im Klinikum für Patienten mit der Diagnose Krebs.

Die dortigen Ärzte sind jetzt für mich zuständig, da meine Cocktail Sessions in der Tagesklinik nun erledigt sind und der Vergangenheit angehören. Was das TTZ aber mit der Tagesklinik gemeinsam hat, sind lange Wartezeiten. Nachdem mir von einer Krankenschwester Blut abgenommen und der Blutdruck gemessen wurde, komme ich nach etlichen Minuten der Warterei exakt eine Stunde später dran, als mein Termin angesetzt war. Das wäre auch alles nicht allzu tragisch, gäbe es adäquate Bespaßungs-Maßnahmen für wartende Patienten, aber ich denke, ich brauche nicht extra erwähnen, dass es auch im Tumortherapiezentrum keine Hüpfburg gibt.

Doch darüber kann ich hinwegsehen, denn die Ärztin hat gute Nachrichten.

Ich bin krebsfrei.

Juhuu!

Die Chemotherapie hat demnach sehr gut angeschlagen. Von meinem einst riesigen Tumor ist nur noch Bindegewebe übrig, das dort wohl auch für immer bleiben wird. Dieser übrig gebliebene Zellschrott ist aber nicht weiter tragisch, denn darin sollte nun nach Immuntherapie und Chemotherapie wirklich keine restliche aktive Tumorzelle mehr hausen. Die mussten nämlich alle ausziehen und sich ein neues Zuhause suchen. Wahrscheinlich sind sie jetzt auf dem Krebszellenfriedhof. Mögen sie für immer dort ruhen. Auch was meine Medikation angeht, gibt es Positives zu berichten. Das Herpes-Virus-Smartie und das, welches als eine Art Antibiotika wirkt, soll ich noch bis Ende Februar nehmen, den Magenschutz nur noch in der Zeit während der Bestrahlung und den Nierenschutz bin ich sogar schon ab sofort los. Zwar sind das schließlich und endlich immer noch zwei verschiedene Tabletten für einige Wochen, allerdings konnte ich in der Verhandlung mit der Ärztin nicht mehr herausschlagen. Wobei es bestimmt nicht verkehrt ist, lieber noch auf Nummer sicher zu gehen, denn durch die Chemo und die damit verbundene Immunsuppression, sind meine Abwehrsysteme im Körper wohl doch ziemlich benebelt und berauscht. Bevor ich in den unfreiwilligen Genuss einer Lungenentzündung oder etwas anderem komme, da nehme ich im Gegensatz dazu besser noch eine Weile die Pillen.

Im Anschluss habe ich noch einen zweiten Besprechungstermin bei einer Ärztin aus dem Fachbereich der Strahlentherapie.

Am Rande bemerkt, muss ich sagen, im rechts der Isar laufen dermaßen viele Ärztinnen herum, die haben das mit der Frauenquote vielleicht sogar schon ein klein wenig übertrieben. Oder das ist das Hauptkriterium bei der Einstellung. Es werden grundsätzlich nur Frauen eingestellt. Die wenigen männlichen Ärzte, die es dort gibt, waren davor höchstwahrscheinlich auch Frauen. Auf jeden Fall macht derjenige, der für das Bewerbermanagement verantwortlich ist, einen richtig guten Job. Wirklich alle Ärztinnen, und die wenigen Ärzte, die ich zu Gesicht bekommen habe, waren ausgesprochen nett, haben sich Zeit genommen und mir ein gutes Gefühl vermittelt. Und in dem letzten halben Jahr habe ich – zumindest gefühlt – auch die halbe Ärzteschaft des Krankenhauses kennengelernt.

Dass ich bei dem ersten Termin so lange warten musste, hat immerhin den Vorteil, jetzt beim zweiten direkt an die Reihe zu kommen. Hierbei geht es im Wesentlichen nur um die Vorbesprechung für das Planungs-CT, welches morgen stattfinden soll. Das ist dafür nötig, um die Bestrahlung genau planen zu können. Anhand dieser Aufnahmen ist es möglich, den Bestrahlungsplan individuell zu erstellen, sodass auf die wirksamste, aber zugleich schonendste Weise gegrillt werden kann.

Eine Neuigkeit erfahre ich allerdings noch in diesem Gespräch, und die finde ich in der Tat nicht so prickelnd. Im Halsbereich wird jetzt nämlich auf beiden Seiten bestrahlt, nicht nur links.

„Hä? Warum denn jetzt auch rechts? Da war doch nichts befallen?"

„Doch, war es, das stand nur nirgendwo." Man hätte sich die ursprünglichen Bilder noch einmal angesehen und erkannt, dass beide Seiten über dem Schlüsselbein betroffen gewesen sind.

„Puh. Dann ist der zu bestrahlende Bereich noch größer."

An dieser Stelle erwähne ich, dass ich mir da schon so meine Gedanken mache, was die Spätfolgen anbelangt. Insbesondere das erhöhte Risiko für einen Zweittumor oder die höhere Wahrscheinlichkeit für eine chronische Herz- oder Lungenerkrankung bremsen meine ohnehin eh schon spärlich vorhandene Euphorie zusätzlich.

Dahingehend beruhigt mich die Ärztin. Die Risiken sind zwar erhöht, jedoch liegt die Wahrscheinlichkeit für eine zweite Krebsart bei 0,1%. Auch die anderen Langzeitfolgen müssen nicht zwingend auftreten, vor allem dann nicht, wenn andere Risikofaktoren vermieden werden. Letzten Endes überwiegen definitiv die Vorteile der Bestrahlung gegenüber den eventuell auftretenden späteren Nebenwirkungen.

Na dann will ich der Frau Doktor mal glauben.

Ich verlasse das Krankenhaus mit einem guten Gefühl. Wobei ich eigentlich auch gleich dort übernachten könnte, denn morgen früh ist schon wieder ein Termin im Klinikum. Immerhin ist das dann auch der letzte für die nächsten paar Tage. Und morgen wird es spannend, da wird nämlich meine Hannibal Lecter Maske angefertigt.

Aus diesem Anlass bin ich fast schon ein bisschen aufgeregt.

So sitze ich Freitagmorgen im Untergeschoss der Nuklearmedizin und bin ziemlich überrascht, als ich pünktlich um neun Uhr aufgerufen werde.

Huch? Was? Diesmal ganz ohne Warterei? Da komme ich ja fast nicht drauf klar. Aber fragen, ob das auch eine halbe Stunde später möglich wäre, weil das jetzt irgendwie zu spontan für mich kommt, möchte ich dann doch lieber nicht.

Immerhin kann ich bei der gesamten Prozedur liegen. Als erstes wird mir wieder einmal eine Nadel in die Armvene gelegt, denn für das Planungs-CT bekomme ich ein Kontrastmittel intravenös verabreicht. Dann folgt der Part mit der Maske. Diese muss nun aber nicht über das komplette Gesicht, wie ursprünglich gedacht, sondern nur über das Kinn. Somit fällt mein neues Accessoire nicht allzu groß aus.

Ein wenig enttäuscht bin ich darüber schon. Wobei ich beinahe den Verdacht hege, ich hätte damit weder wie Hannibal noch wie Mephisto ausgesehen. Es wäre wahrscheinlich vielmehr dem kleinen Gespenst nahegekommen.

Nun ja, jetzt habe ich das Teil eben nur auf dem Kinn. Die Maske wird immer individuell angefertigt. Deswegen ist das Material, das aus einem speziellen thermoplastischen Kunststoff besteht, auch ziemlich warm und weich.

Als mir das Zeug auf den unteren Teil meines Gesichts gelegt wird, denke ich mir im ersten Moment: „Oh, das ist aber schön warm, kann man mir das vielleicht auch auf die Füße legen, die sind nämlich immer so kalt." Im zweiten Moment merke ich aber, dass ich damit keinerlei Bewegungsfreiheit mehr habe.

Das ist auch Sinn und Zweck des Ganzen. Die akkurate Lagerung. Und die ist eben nur dann gegeben, wenn ich mich nicht mehr bewegen kann.

Also wäre das mit den Füßen wohl doch keine so gute Idee gewesen. Reden ist mit der Maske auch nicht möglich, da mein Unterkiefer und der obere Teil meines Halses miteinbezogen sind.

Nun muss ich ein paar Minuten liegen bleiben, damit das Material hart wird.

In der Horizontalen entspannen und die Klappe

halten, gerade um diese Uhrzeit liegt mir das ziemlich gut. Im wahrsten Sinne des Wortes.

Währenddessen wird an mir herumgemalt. Ich bekomme auf meinem Oberkörper Markierungen, welche wieder der exakten Lagerung dienen. Aus diesem Grund ist es wichtig, diese Striche auf keinen Fall abzuwaschen. Damit das nicht passiert und auch duschen machbar ist, wird mir noch eine dünne Folie über die Markierungen geklebt. In der Zwischenzeit ist die Maske fest geworden und somit bin ich für heute fertig.

Jetzt kommt erst einmal Weihnachten und Silvester und im neuen Jahr geht es dann gleich mit der Strahlentherapie los.

# 3. Januar 2019 – Raumschiff in die nukleare Galaxie

Erst Cocktailparty, jetzt Grillparty. Man könnte mich schon fast als die Partymaus des rechts der Isar bezeichnen.

Nun ja. Nachdem ich das erste Mal seit langer Zeit nüchtern ins neue Jahr gestartet bin – was ich an dieser Stelle nur empfehlen kann, denn an Neujahr geht es einem hervorragend – finde ich mich also im tiefsten Tiefgeschoss des Krankenhauses wieder. Denn die Radioonkologie liegt dermaßen weit unten im Keller, dass es bis zum Erdkern nicht mehr weit sein kann. Grillpartys assoziiert man vielleicht eher mit Veranstaltungen im Outdoor-Bereich, aber es ist derzeit Januar. Insofern kann ich da schon einmal drüber hinwegsehen.

Bevor ich gegrillt werde, habe ich zuvor noch ein Gespräch mit dem Oberarzt. Er zeigt mir meine Aufnahmen von der Computer-Tomografie und erklärt mir, welcher Bereich mit welcher Intensität bestrahlt wird. Da mein Mitbewohner auf meiner linken Lunge wirklich ziemlich groß gewesen ist, handelt es sich bei dem zu bestrahlenden Feld entsprechend auch um ein ziemlich großes Areal. Vor allem die linke Lunge wird einiges abbekommen, sodass die Wahrscheinlichkeit recht hoch ist, auch noch drei bis sechs

Monate nach Ende der Strahlentherapie eine Lungenentzündung zu bekommen. Diese wäre dann, nicht wie meist üblich bakteriell bedingt, sondern eine negative Folge der Behandlung. Die Wahrscheinlichkeit für eine solche Lungenentzündung liegt bei mir bei knapp 50%. Aus diesem Grund rät mir der Oberarzt zu nur zehn Bestrahlungen und nicht 15, wie anfänglich geplant. Außerdem hatte bereits der Antikörper Nivolumab sehr gut angeschlagen und zusätzlich durch die Chemo wurde alles radikal platt gemacht, was keine Daseinsberechtigung hat. Deswegen ist entsprechend auch die Rede von einer kompletten Remission und somit die Gefahr sehr gering für ein Rezidiv durch die fünf Bestrahlungen weniger.

Für mich hört sich das richtig gut an. Wenn mit weniger Bestrahlungen dasselbe Ergebnis erreicht und zusätzlich das Risiko von Spätfolgen gesenkt werden kann, dann ist das doch super.

Allerdings möchte mein Radiologe doch noch Rücksprache mit der Studienzentrale, also der German Hodgkin Study Group, halten und mir in den kommenden Tagen Bescheid geben, ob nun tatsächlich nur zehn Bestrahlungen genügen, oder ob es doch unbedingt 15 sein müssen.

Zum Schluss verabschiedet sich der Oberarzt von mir mit folgenden Worten: „Von der ganzen Scheiße haben Sie sich noch die beste Scheiße rausgesucht."

In Gedanken gebe ich das Kompliment an meinen Körper weiter und gehe in eine mir zugewiesene Kabine, um mich für diese spezielle Art der Sonnenbank vorzubereiten. Logischerweise muss ich dafür obenrum einen Strip hinlegen, da durch die Kleidung hindurch nicht bestrahlt werden kann.

Als ich aufgerufen werde, gehe ich einen Gang entlang, biege einmal rechts ab und dann stehe ich auch gleich direkt vor dem Bestrahlungsgerät.

Das sieht schon irgendwie abgefahren aus. Es hat durchaus etwas von einer Raumschiff-Atmosphäre. Das Gerät selbst ist groß, weiß und so wie es aussieht, bereit zum Abflug. Bevor ich noch überlegen kann, ob ich damit ins All geschossen, oder vielleicht doch eher in Richtung Erdkern befördert werde, geht es auch schon los.

Vom Prinzip her funktioniert das hier ungefähr so wie eine Computer-Tomografie. Das Ganze passiert im Liegen, somit ist der Chillfaktor wieder ziemlich hoch. Sehr weit nach oben werde auch ich in diesem Gerät gefahren und nachdem die Radiologieassistenten mich korrekt positioniert haben, bekomme ich noch meine nun doch sehr uncool ausgefallene Kinn-Maske aufgesetzt. Erst als die Assistenten den Raum verlassen, beginnt die eigentliche Therapie. Aufgrund der Strahlenbelastung befinde ich mich währenddessen alleine in dieser Lokalität. Deswegen kann ich dieses Event beispielsweise als Möglichkeit für ein erstes Date nicht empfehlen.

Das Gerät gibt ein surrendes Geräusch von sich und fährt einmal um mich herum, hält an, wartet kurz und wiederholt das Ganze noch dreimal. Ein Zeitgefühl habe ich währenddessen nicht, aber ich vermute mal, dass der Vorgang insgesamt in etwa fünf bis zehn Minuten dauert. Das ist so auch voll in Ordnung, denn ich habe mal gehört, dass mehr als zehn Minuten unter der Sonnenbank eh nicht gut wären …

Nachdem alles vorbei ist, werde ich herausgeschoben und heruntergefahren, von meiner Kinn- und Kiefermaske befreit und darf mich wieder anziehen.

Für heute habe ich es überstanden und kann wieder nach Hause. Praktischerweise hat mein dreiwöchiges Sonnenbank-Abo an einem Mittwoch begonnen, sodass ich nach drei Röst Sessions auch schon wieder Wochenende und deshalb zwei Tage Pause habe.

## 11. Januar 2019 – Ich habe den Faden verloren – den Geduldsfaden

Ein Vorteil der Strahlentherapie gegenüber der Chemotherapie ist die kürzere Dauer der gesamten Prozedur. So bin ich beim Grillen nach ungefähr einer halben Stunde mitsamt Warten und allem Drum und Dran fertig.

Ein Nachteil ist dagegen die Häufigkeit, denn hier muss ich jeden Tag antreten. Ein weiterer, fast noch erheblicherer Minuspunkt ist der, dass meine hübsche Assistenzärztin dort unten in der Radioonkologie leider nicht zu sehen ist, und ich daher ohne jegliche optische Motivation in meinem Therapieumfeld zurechtkommen muss.

Immerhin vertrage ich alles insgesamt recht gut. Meist bin ich um die Mittags- oder frühe Nachmittagszeit wieder daheim und fühle mich den restlichen Tag etwas müde und erschöpft. Anderweitige Nebenwirkungen lassen wohl noch auf sich warten.

Ob das jetzt bei 15 Bestrahlungen bleibt oder eventuell doch auf zehn Sitzungen reduziert werden kann, weiß ich bisher immer noch nicht. Das stresst mich momentan fast mehr als die eigentliche Therapie. Denn so kann ich mich auf das Ende gar nicht einstellen, wenn ich nicht einmal weiß, wann das überhaupt sein wird.

Abgesehen davon ist das in der Tat auch eine wichtige Entscheidung, über die ich so schnell wie möglich in Kenntnis gesetzt werden möchte.

Schließlich geht es hier gerade nicht darum, ob ich meine Pommes lieber mit Ketchup oder mit Mayo möchte, sondern stattdessen durchaus um eine Entscheidung mit Gewicht. Am Rande sei erwähnt, ich bevorzuge meine Pommes ohne Dip. Sind sie heiß, fettig und salzig, dann genügt mir das.

Als geniale Überleitung könnte ich nun darauf aufmerksam machen, dass ich auch ganz ohne Bestrahlung ganz zufrieden wäre. Aber das wurde mir ohnehin relativ schnell klar gemacht und verständlich erklärt, weswegen die Solarium-Flatrate absolut sinnvoll und leider unbedingt nötig ist.

Dennoch könnten die verantwortlichen Ärzte langsam schon mal in die Pötte kommen. Ich werde mit Sicherheit nicht so ein Einzel- oder Härtefall sein, wonach eine Entscheidung von mehreren Kriterien abhängt, äußerst schwierig zu fällen ist und es Tage dauert, ehe es zu einem Ergebnis kommt. Wahrscheinlich muss die Tanzgruppe von dieser Studie erst noch einen Betriebsausflug zum Orakel nach Delphi machen.

Auf der anderen Seite ist es aber vermutlich auch ein gutes Zeichen, dass ich mittlerweile wieder dazu in der Lage bin, mich über Sachen aufregen zu können.

Einfluss habe ich auf meine momentane Situation sowieso nicht, also muss ich mich offensichtlich noch
ein wenig gedulden.

Abwarten und Tee trinken. Oder besser gesagt: abwarten und alkoholfreies Bier trinken.

# 18. Januar 2019 – Grill-Saison oder doch eher Sonnenbank-Abo?

Schwupps. Und schon wieder ist eine weitere Woche vorbei. Durch die täglichen Termine vergeht die Zeit eigentlich ziemlich flott.

Gibt es mittlerweile auch eine Entscheidung hinsichtlich der Anzahl meiner Bestrahlungen?

Ja.

Gibt es mittlerweile mehr Nebenwirkungen?

Hmm, naja.

Aber der Reihe nach. Nachdem ich die ganzen letzten Tage nichts von den Ärzten gehört habe, wurde mir dann vorgestern endlich mitgeteilt, dass es nun doch bei den ursprünglich geplanten 15 Grillpartys bleibt.

„Hö?!", so meine Reaktion.

„Ja.", die Entgegnung der medizinisch-technischen Radiologieassistentin.

Da diese Antwort mich noch nicht zu hundert Prozent überzeugen konnte, habe ich darum gebeten, den Oberarzt zu sprechen. Und dieser hat mir das Ganze schließlich ausführlich und nachvollziehbar erklärt.

Nach dem Austausch der Radiologie des rechts der Isar mit der Studienzentrale in Köln – die German Hodgkin Study Group ... ja genau, eben diese Tanzgruppe – ist man zu dem Ergebnis gekommen, einen

Mittelweg zu gehen. Der anfänglich angedachte Bestrahlungsplan hätte meinen linken Lungenflügel
wohl ganz schön in Mitleidenschaft gezogen, sodass
die Wahrscheinlichkeit einer Lungenentzündung bei
über 40% lag. Dieses Risiko wäre meinem Oberarzt zu
hoch gewesen. Aufgrund dessen wird zwar trotzdem
15 Mal gegrillt, dafür aber das Bestrahlungsfeld ver-
kleinert, um eben vor allem die Lunge, jedoch auch
das Herz und alles, was dort noch etwas ungünstig
im Weg liegt, zu schonen. Und weil eben die Strahlentherapie beim Hodgkin Lymphom so gut an-
schlägt, ist es besser, noch weitere fünfmal ein bisschen Radioaktivität drauf zu ballern.

Um nun zu den Nebenwirkungen zu kommen, sei
vorerst angemerkt: im Gegensatz zur Cocktailparty
ist die Grillparty auf jeden Fall bekömmlicher. Wobei
man die beiden Therapien eigentlich nicht wirklich
miteinander vergleichen kann. Die Bestrahlung ist gegenüber der Chemotherapie doch ein Spaziergang.
Um es nicht allzu harmlos klingen zu lassen, vielleicht
doch ein sehr ausgedehnter Spaziergang an einem
sehr kalten, sehr stürmischen und sehr regnerischen
Tag.
Meine bisherigen Nebenwirkungen sind eine leichte
Hautrötung im Halsbereich und eine Kurzatmigkeit.
Das mit der Haut ist nicht so tragisch, da es nicht

brennt oder anderweitig schmerzt. Damit das nicht schlimmer wird und um die Haut zu pflegen, creme ich diesen Bereich morgens beziehungsweise nach der Bestrahlung und abends mit einer Lotion für empfindliche und gereizte Haut ein.

Würde mir ein Fremder auf den Hals schauen, würde er womöglich gar nichts bemerken. Würde er längere Zeit auf meinen Hals schauen, würde er womöglich annehmen, ich hätte mich an dieser Stelle nicht mit Sonnencreme eingeschmiert und dort einen leichten Sonnenbrand bekommen. Andererseits ist gerade Januar, da laufen verhältnismäßig wenig Menschen mit einem Sonnenbrand durch die Gegend. Außer sie waren vor kurzem im Urlaub. Und so sehe ich mit meiner noch vorhandenen Chemo-Blässe sicher nicht aus. Was ich damit eigentlich sagen möchte, ist, dass die dezente Röte um mein Schlüsselbein herum keiner wahrnimmt, wenn ich etwa eine Bluse mit Kragen oder ein hochgeschlossenes T-Shirt trage.

Die Kurzatmigkeit stört mich dagegen schon mehr. Jetzt einmal zu Joggen wäre interessant, um zu merken, wie es dabei um meine Kondition bestellt ist. Da habe ich leider den Verdacht, dass die sich aus dem Staub gemacht hat und mittlerweile *irgendwo* ist, aber nicht mehr bei mir. Ausprobieren würde ich das zwar gerne mal, doch bei den momentanen Temperaturen und so kurz vor meinem Therapieende ist selbst mir das zu riskant. Eine Lungenentzündung oder einen Infekt auf den letzten Metern brauche ich nun absolut nicht. Außerdem will ich auch nicht schon nach fünf Minuten Laufen das Gefühl haben, nicht mehr zu können.

Das Krafttraining geht zwar weiterhin ohne Probleme und funktioniert super, aber bei solchen Dingen wie Treppen steigen, zügig oder langes Gehen, fühle ich mich doch nicht so fit wie sonst. Auch beim Reden fehlt mir gelegentlich ein wenig die Luft. Das fühlt sich für mich dann so an, dass ich einerseits total entspannt bin und einfach nur ruhig dasitze, es mir beim Erzählen aber andererseits so vorkommt, als hätte ich gerade einen 100 Meter Sprint hinter mir. Immerhin ist das nicht bei jedem Gespräch der Fall und tritt eher selten auf, trotzdem nervt es.

Dreimal werde ich noch gebrutzelt und dann habe ich es geschafft.
Dreimal werde ich jetzt auch noch durchhalten.
Dreimal und das Alles hat ein Ende.

## 23. Januar 2019 – Herzlichen Glückwunsch, Sie haben Ihr Ziel erreicht!

Krasser Scheiß. Heute ist der letzte Tag meiner Therapie.

Am 20. Juni 2018 bin ich unfreiwillig über die Startlinie gestolpert, habe mich über Monate durch einen Marathon der Extraklasse gekämpft und heute werde ich als Gewinnerin die Ziellinie überqueren.

Eine Odyssee an Untersuchungen, Schmerzen, Therapien und Arztterminen liegt nun hinter mir.

So richtig wahrhaben kann ich das noch gar nicht. Zu sehr bin ich die letzten Monate im Tunnel gewesen. Schließlich war ich es in der ganzen letzten Zeit gewöhnt, einen Termin nach dem anderen zu haben. Seit dem Sommer habe ich nie weiter als zwei Wochen in die Zukunft geplant, immer jeweils von einer Chemotherapie zur nächsten und gerade in der Zeit der Strahlentherapie ging es für mich hauptsächlich darum, mich von Tag zu Tag zu hangeln, Termin um Termin ein Stückchen näher zum Ziel zu kommen. Das Ende in Sicht, aber den Fokus ständig auf dem Weg. Mit vollem Bewusstsein in der Gegenwart zu leben und dabei vorsichtig die Zukunft anvisieren.

Alles lief von Anfang an unter dem Motto: „Ich will, dass es mir gut geht!“. Dahin zu kommen, wo ich heute stehe, das war das große Ziel.

Dass diese unendlich vielen Termine auf einmal weg-
fallen und die Therapie nach der heutigen Grillparty
abgeschlossen sein soll, das ist schon ein wenig ein ei-
genartiges Gefühl. Aber zugleich auch ein unglaublich gutes und befreiendes.

Und so geht es ein letztes Mal nach ganz unten, ins
unterste Untergeschoss des rechts der Isar.

Ein letztes Mal in die Kabine zum Entkleiden. Ein
letztes Mal unter den Grill.

„Lassen Sie sich hier unten nie wieder blicken", mit
diesen Worten, den besten Wünschen und einem Lächeln werde ich in der Radioonkologie verabschiedet.

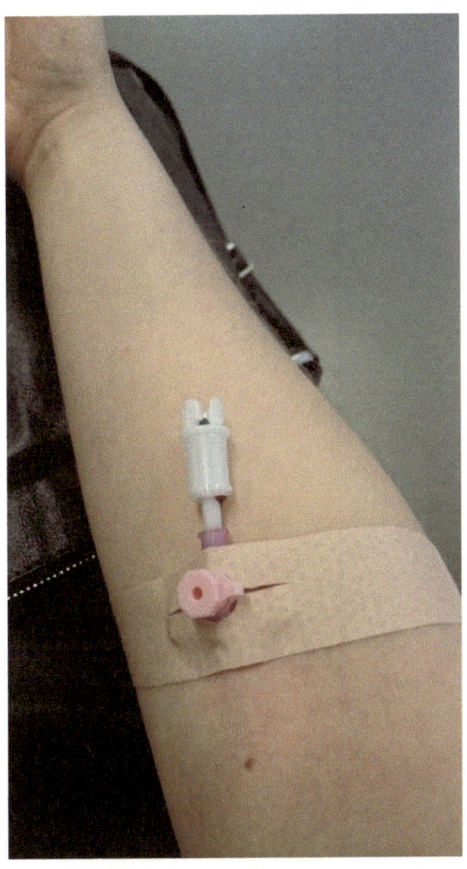

Mal wieder ne Nadel im Arm ... aber diesmal im-merhin im stylischen Pinkton.

Und das ist nicht unwichtig, immerhin geht es damit zu einem ganz speziellen Fotoshooting in die Nuklearmedizin.

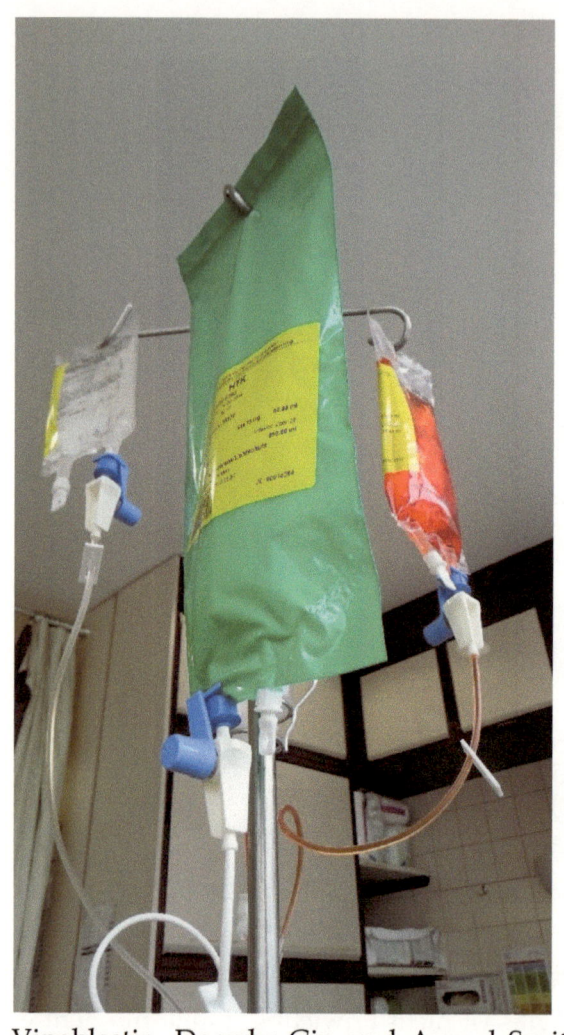

Vinoblastin, Dacarba-Gin und Aperol Spritz ...
die Drinks, die mein Leben retten.

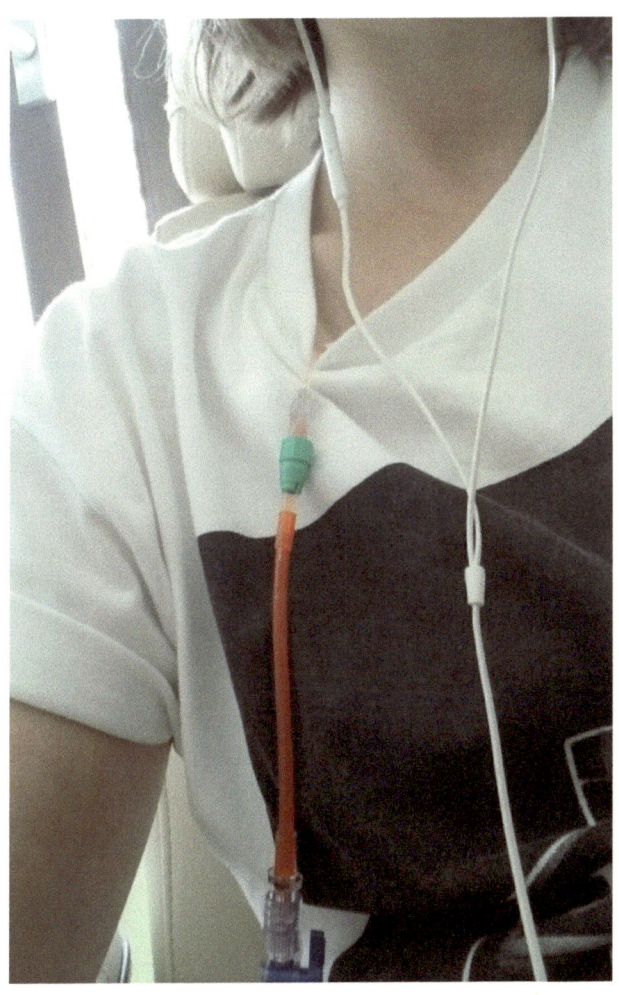

Cheers. Es kann los gehen.

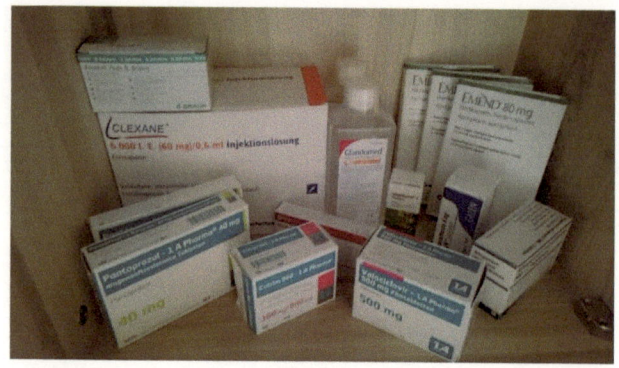

Ich überlege, mir ein zweites Standbein als Apothekerin aufzubauen.

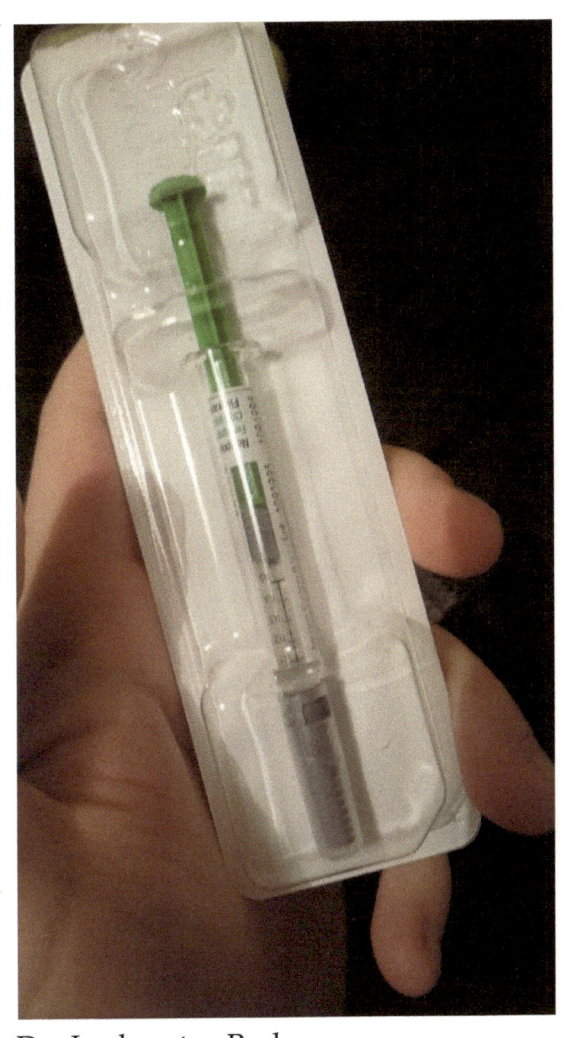

Der Leukozyten-Pusher.

Kleine Spritze – starke Schmerzen.

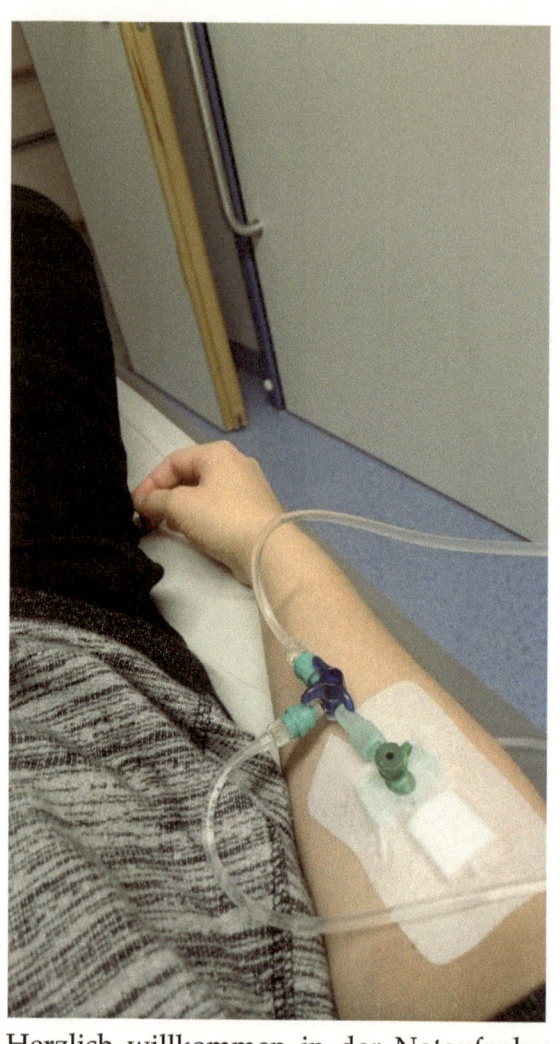

Herzlich willkommen in der Notaufnahme …
#fuckmylife

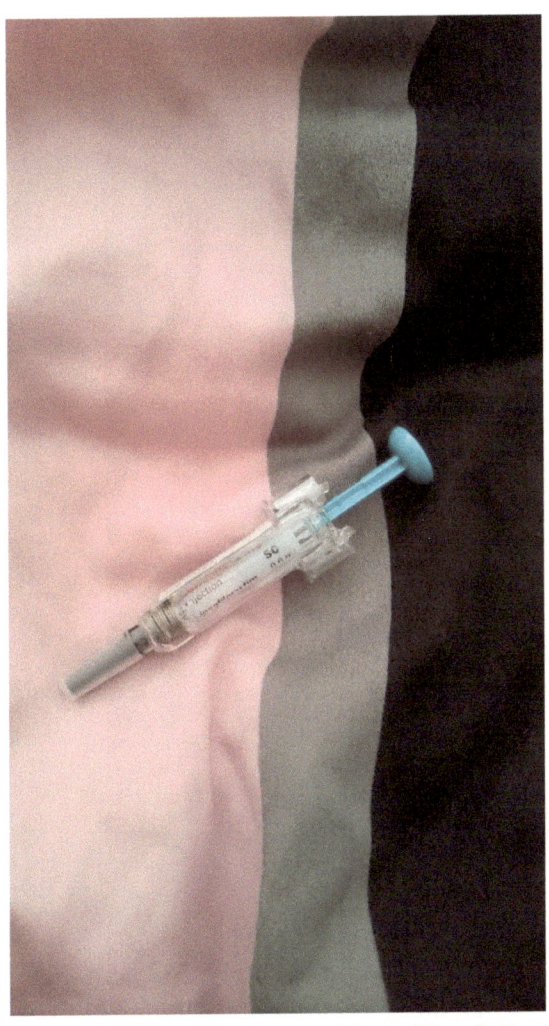

Da ich von meiner Pimp-Your-Blood-Top-Hot-Shot-Spritze so dermaßen begeistert bin, möchte ich sie dir hiermit kurz vorstellen.

Ein Selfie mit meinen Buddys auf der Toilette der Tagesklinik. Der Handfeger im Hintergrund gehört nicht dazu, wollte aber unbedingt mit aufs Bild.

Verena II. und ich.

Ich finde, wir beide passen sehr gut zusammen.

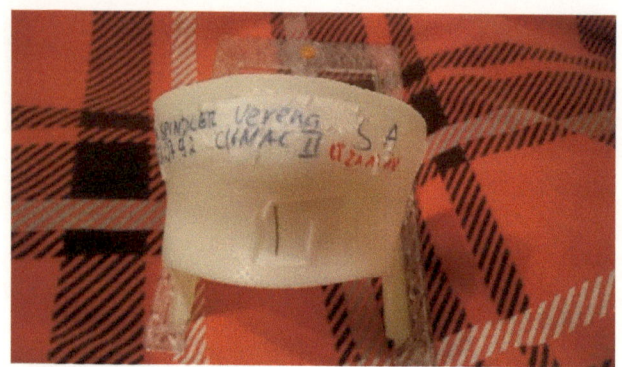

Weder Hannibal Lecter noch Mephisto - und zusätzlich leider auch nicht sehr hübsch.

# Nachwort

Das mit Abstand schönste und größte Erfolgserlebnis hatte ich, als ich das zweite Mal meine Laufschuhe geschnürt hatte und ohne große Erwartungen oder Ziele los gejoggt bin. Die allererste Laufeinheit nach der Reha fühlte sich dermaßen gut an und hatte mich gar nicht mal so richtig gefordert.

So laufe ich nun zwei Tage später gut gelaunt und hoch motiviert los. „Könnte ich ja ein wenig schneller machen dieses Mal", denke ich mir während ich durch die Straßen meines Viertels laufe. „Hmm, andererseits ist der Olympiapark auch gleich in der Nähe …"

Also geht's Richtung Olypark. Dort angekommen hat mich natürlich der Ehrgeiz erst so richtig gepackt, denn wenn man im Olympiapark ist, muss man eigentlich schon auch den Olympiaberg hoch. An dieser Stelle muss ich wohl nicht extra darauf hinweisen, dass ich mein Tempo während des Hochlaufens selbstverständlich nicht verlangsame. „Alter, war das hier immer schon so ein weiter Weg bis ganz oben?" Es geht direkt bergauf und nach einigen Metern bin ich durchaus ein wenig außer Atem.

Aber Aufgeben ist nicht. Ich habe mir das jetzt vorgenommen und dann ziehe ich das jetzt auch durch. Der Olympiaberg ist 56 Meter hoch.

Das hört sich zunächst nicht allzu schwierig an, wenn man aber bedenkt, dass ich dort nicht gemütlich hoch spaziere, sondern mich im Joggingtempo vorkämpfe, kann das schon als anspruchsvoll bezeichnet werden. Zwischendurch lässt die Steigung etwas nach, was mir die Möglichkeit gibt, Kraft für das letzte Drittel zu schöpfen. Denn da geht es noch einmal steil bergauf.

Ich beiße die Zähne fest zusammen, schlage mir auf den Oberschenkel, um mich anzufeuern und motiviere mich innerlich, das kurze, finale Stück noch zu bewältigen.

So kurz vor dem Ziel will ich auf keinen Fall kapitulieren. Ich will mir selbst beweisen, dass ich das schaffe.

Weil ich *spüre*, dass ich das schaffen werde. Weil ich *weiß*, dass ich das schaffen werde.

Einmal noch um die Kurve, der Blick geht nach oben, nur noch wenige Meter bin ich vom Ziel entfernt, und: Sprint.

Wenn schon, dann richtig.

Alles, was ich an Kondition und Willensstärke habe, lege ich in diese letzten Meter.

Ich bin oben angekommen.

Ich habe mein Ziel erreicht!

Ja Mann, ich habe es geschafft!


Meine Lunge ist ordentlich am Pumpen, ich schnaufe,

keuche und versuche dabei eine halbwegs funktionierende Atmung hinzukriegen. Zugleich aber bin ich unendlich glücklich.

Als ich vorhin zur Haustür raus bin, hätte ich nicht damit gerechnet, es hier hoch zu schaffen. Überhaupt hätte ich zuvor nicht damit gerechnet, derart leistungsfähig zu sein.

Wenn ich in diesem Moment daran zurückdenke, wie schlecht es mir in der Zeit vor der Diagnosestellung ging und was ich in den letzten Monaten alles durchgemacht habe - vor allem *wie* ich all das bewältigt habe – bin ich wohl das erste Mal in meinem Leben so richtig stolz auf mich.

Die Aussicht vom Olyberg aus gibt mir den Rest. Blauer Himmel, Sonnenschein und klare Sicht über mein München. Geil. Das fühlt sich gerade einfach nur gut an und ich bin echt stolz auf mich.

Ich hab's tatsächlich gepackt!

Voller Glücksgefühle, Euphorie und noch viel mehr guter Laune setze ich meine Laufeinheit fort. Den gesamten Berg herunter treibt mich nur ein einziger Gedanke an:

Es ist verdammt geil zu leben!

Jetzt weiß ich:

Ich bin wieder angekommen.

Auf der richtigen Seite des Lebens.

Insgesamt ist das wohl ein sehr positives und optimistisches Buch geworden.[1]*

Ich mache mich nicht nur über meine Krankheit hin und wieder lustig, sondern nehme mich selbst und die auftretenden Begebenheiten und Begleitumstände oftmals nicht allzu ernst.

Keineswegs möchte ich an irgendeiner Stelle etwas schön reden. Trotzdem ist es mir wichtig, darauf zu verweisen, dass das hier meine eigene und persönliche Geschichte ist – die so ist, wie sie ist, weil ich so bin, wie ich bin.

Jeder muss seinen eigenen, passenden Weg finden, im Umgang mit Schwierigkeiten und Problemen, im Umgang mit neuen Situationen und Umständen, vor

---

[1]*Wem das alles in allem doch ein wenig zu viel der guten Laune gewesen ist, hier noch einmal sämtliche Nebenwirkungen der letzten Monate kurz und knapp zusammengefasst: Kopfschmerzen, Herzstolpern, erhöhter Leberwert, Neutropenie, Leukopenie, Haarausfall, höllische Knochenschmerzen, generell Schmerzen mit einer zum Teil unfassbaren Intensität, Übelkeit, Polyneuropathie an den Fingern, Fatigue, Fieber, Hitzewallungen, Schlafstörungen, Kreislaufprobleme, Unwohlsein, erhöhter Puls, leicht angegriffene Mundschleimhäute, Gewichtsverlust, Gesichtsblässe, unangenehmer Geschmack im Mund, Kurzatmigkeit, Schluckbeschwerden, Hautrötungen, eine wohl für immer verhärtete Armvene und ca. 60-70 Blutabnahmen oder anderweitige Nadeln im Arm innerhalb der letzten Monate.

allem aber muss jeder seinen eigenen Weg im Leben finden und gehen.

Aus diesem Grund möchte ich keine Tipps oder Empfehlungen geben – außer vielleicht eine positive Lebenseinstellung zu haben.

Denn:

Der Weg ist immer das Ziel.

Und ich könnte das Ganze nicht besser abschließen als mit einem Songzitat von Frittenbude aus dem Lied „Zeitmaschinen aus Müll":

Jeder Tag ist der beste Tag eines Lebens.

# Danksagung

Die wichtigsten Menschen zuerst: Meine Eltern.
Letzten Endes ist die Existenz dieses Buches ihnen zu verdanken. Denn das Buch gäbe es nicht ohne mich, und mich gäbe es nicht ohne meine Eltern. So schließt sich der Kreis.
Jedenfalls bin ich euch für alles dankbar, was ihr all die Jahre für mich getan habt und was ihr aus mir gemacht habt.
Danke, dass ihr immer für mich da seid. Ich hätte mir keine bessere Mami und keinen besseren Papi wünschen können.

Aber ich habe nicht nur die besten Eltern der Welt, sondern auch die besten Freunde der Welt. Lena und Leonie, ihr seid wahre Freunde. Auf euch kann ich mich verlassen. Ich bin wahnsinnig froh, euch zu haben. Das gleiche gilt natürlich auch für Peter, Christina, Susi, Michal und meine neu gewonnene Reha-Freundin Jenny.

Danke an alle Ärzte, Krankenschwestern und Pflegern des Klinikums rechts der Isar. Ich habe mich hier jederzeit sehr gut aufgehoben und medizinisch bestens betreut gefühlt.

Wen ich zum Schluss nicht vergessen möchte, sind meine Organe. Liebes Herz und liebe Lunge, ihr seid die Besten, auch kein übermäßig großer Tumor kann euch etwas anhaben. Speziell meine beiden Lungenflügel sind meine krassesten Buddys, auf euch kann ich zählen, wir sind gemeinsam ein mega starkes und unschlagbares Team.

Vielen Dank auch an meine Venen, die die unzähligen Blutabnahmen so super mitgemacht haben.

Außerdem bin ich unglaublich dankbar für das Gefühl, das ich ab dem Moment der Diagnose und in den ersten Tagen danach erlebt habe. In dieser Zeit fühlte ich mich zwar einerseits vor allem verwirrt, wie im falschen Film und einfach komisch. Andererseits hatte ich in diesen Momenten einen komplett anderen Blick auf das Leben und die Welt.

Alle reden immer davon, wie wertvoll und kostbar das Leben ist.

In diesen Tagen und insbesondere am 20. Juni 2018 habe ich es gespürt.

Das ist ein Gefühl, das nicht zu beschreiben ist, das man erlebt haben muss, um es nachempfinden zu können. Ein Gefühl, das man auch nicht ein zweites Mal erleben kann, das, wenn es einmal weg ist, auch nicht wiederkommt. Eigentlich ist es ein wundervolles und intensives Gefühl in einer schlimmen

Lebenssituation. Deswegen möchte ich mich auch nur noch daran zurückerinnern und daran zurückdenken, ich möchte dieses Gefühl, so schön und bedeutsam es auch war, nie wieder erleben.

Aber dafür, es einmal gefühlt haben zu dürfen, dafür bin ich dankbar.

## Die Autorin

Verena Spindler,
geboren 1992 in München, sieht den 20. Juni 2018 als Wendepunkt in ihrem Leben und setzt sich seitdem einzig das Ziel: glücklich zu sein.

Allein dem heutigen Stand der Medizin ist es zu verdanken, dass der Sommer ´18 nicht Verenas letzter Sommer gewesen ist. Daher betrachtet sie all das, was noch kommt als zusätzliche Lebenszeit, die sie sich so angenehm wie möglich gestalten möchte.

Denn manchmal dauert die Zugabe eben länger als die Hauptveranstaltung.

Darüber hinaus freut sie sich sehr über Rückmeldungen, Reaktionen und Zuschriften an welcomedrink@web.de oder über facebook.com/verenaspindler.welcomedrink.

## Bildnachweis

Alle Bilder Copyright © by Verena Spindler.